JN023957

"世の中の意思決定"を解き明かす
6.5個の物語

16歳からのはじめてのゲーム理論

鎌田雄一郎

ダイヤモンド社

16歳からの
はじめての
ゲーム理論

"世の中の意思決定"
を解き明かす
6.5個の物語

はじめに
〜「社会」で、考え悩むあなたへ〜

私たちは皆、社会の中で生きています。この**社会**の中の私たちにとっては、毎日毎日が、考えることや悩むことの連続です。

　そして、そうやって考え悩んでいるのは、あなた1人ではありません。「社会」の中の他の皆も同じように、考え、悩みながら暮らしています。

　「社会」って何でしょう。首相がいて、税金があって、学校があって、会社があって。複雑化、多様化する社会。インターネットで全てが繋がっている社会。もちろんそんな社会もあるでしょう。でも、そんな新聞に載っているようなことだけが、社会ではありません。家族というのも小さくとも立派な社会ですし、あなたとあなたの取引相手との間にあるのも、社会です。社内会議があればそこにその時社会が生まれますし、学校の教室も、1つの社会です。

　人と人が関わるところ、そこが社会なのです。

　様々な「社会」に身を置く私たちは、ついつい「（社会の中の）他の人も考え悩んでいるのだ」ということを忘れがちです。「悩み苦しみ悶えているのは自分だけだ」と思い込んでしまう。でもそんな思い込みがトラブルを生む原因になりやすいというのは、皆さんもよくご存知でしょう。

　実は、こうやって考え悩む人が、考え悩む人たちの社会の中で、どうやって考え悩むのか、どうやって意思決定するのか、それを研究する学問があります。

　その学問は、「**ゲーム理論**」と呼ばれています。

　なんだかおちゃらけた名前ですね。でもこれは、この本の著者である私が今のところ研究者人生をかけてきた学問なのです（そう、私は、研究者です）。研究者人生をかけてきただけあって1つ自信を持って言えるのは、

少なくとも人よりは多くの時間、人が「社会の中で考える」ことについて考えてきただろう、ということです。

　そうやって考えを重ねてきた人々（「ゲーム理論家」と呼ばれます）の知の集合がゲーム理論と呼ばれ、実は私たちの日常の隅々に潜んでいる様々な社会問題の分析に使われています。家族という小さな社会の問題も分析しますし、もっと複雑な社会の問題——たとえば株の売買や、政党間の争いなど——も分析します。

　ゲーム理論は、経済問題、社会問題、ビジネス、そして人間関係、全ての局面において我々に示唆を与えてくれます。むしろ、それらの局面においてゲーム理論を知らないのは、羅針盤なしに航海に乗り出すようなものです。実際、**ゲーム理論は大学で教えられる経済学の中で最も重要であると言っても過言ではないでしょう**。どの経済理論も多かれ少なかれ、ゲーム理論の思考法に依拠しているからです。

　そんなゲーム理論、「難しそう」とか、「**聞いたことはあるけれど、いったい何なのかよく分からない**」とか、思われている方は多いのではないでしょうか。この本を手に取られた方には、「**ゲーム理論は、いつかは勉強したいと思っていたけれど、何から手をつけていいのか分からない**」という方もいらっしゃるかもしれません。

　私もゲーム理論家として情報発信をしていく中で、「**難しいことはさておいて、ゲーム理論をまずは大ざっぱに理解したい**」「**思考のセンスを磨きたい**」という要望に多く出合ってきました。また、世の中の社会問題や身近な人間関係のこじれを見るにつけ、「**ゲーム理論の考え方を少しでも身につけていれば、もっと状況をよくできるのにな**」と思うことが多々ありました。

　そこで、どうやったらより多くの方がゲーム理論を学ぶきっかけを作れるか、そしてどうしたらゲーム理論のエッセンスを効果的に伝えられるか、

と考えに考えを重ねました。その結果、小難しい数式ではなく、回りくどい説明でもなく、馴染みやすいストーリーでゲーム理論を体感してもらう、という手法にたどり着きました。

　本書のタイトルを「16歳からの」としたのは、そのような思いからです。16歳というのは、「社会」が目の前に大きく広がり、単純に見えていたはずの社会には実は多くの複雑さが潜んでいることを、これからどんどん発見していく時です。そして、どうやってこの「社会」と対峙していけばいいのか、思案を巡らします。本書は、そんな「**社会のことをよりよく理解したい**」人に、ゲーム理論に触れていただくための、**物語集**なのです。

　もちろん、「社会のことをよりよく理解したい」のは、なにも16歳の高校生たちだけではありません。大学に入る時、社会人になる時、新しい部署に移動する時、新たな取引先と商談をする時。我々は人生の様々な局面で、目の前に広がる社会をどう進んでいくか、希望と不安を抱えています。**私はそんな全ての人のために、この本を書きました。**

　この本は、社会の中の私たちが考え悩むことをゲーム理論がどのように解決するのか、はたまたしないのか、を6つの物語（と、1つの小話）を通して描いたものです。

　初めに重要なお断りですが、**この本は、ゲーム理論の教科書ではありません。**その証拠に、「ゲーム理論」という言葉も、小難しい専門用語も、物語の中には一切出てきません。ネズミの親子が人様の家に上がり込んだり、昼寝をしたり、そんなことくらいしか起きません。

　でもそんなことを通じて、ゲーム理論の思考法──つまり、「社会の中で考える」ためのセンス──を読者のあなたに身につけてもらえる、それ

がこの本なのです。具体的には、この本の6.5個の物語の舞台、およびそこで扱われるゲーム理論のトピックを選定するにあたり、以下の4つの点を心がけました。

1. 「社会の中で考える」にあたって、他の人が何をするか、何を考えているかに思いを馳せることは重要です。この点が物語のカギになるような舞台設定・トピック選定をしました。

2. ゲーム理論家たちのおそらく大部分が「ゲーム理論」という学問において重要と見なすであろうトピックのみを扱うことにしました。

3. ゲーム理論は経済学・政治学に広く応用されます。物語で扱うトピックは、理論的に重要なだけではなく、応用上も重要なものを選びました。たとえば第1章は町内会での投票の物語ですが、ゲーム理論が応用された投票の理論は、政治学での分析に多大な影響を及ぼしています。

4. ゲーム理論のトピックのエッセンスが効果的に伝わるように、国の政策や税金などが関わる「大きな社会」ではなく、身近に分かりやすい「小さな社会」の舞台設定を採ることにしました。といっても、小さな社会でも大きな社会でも、必要とされる思考法に何ら違いはありませんので、ご心配なく。

さて、「教科書ではありません」と書きはしましたが、それぞれの物語を通じて、その背後にある思考法そのものにも興味を持ってもらいたい、というのが私のひそかな野望であります。そこで、それぞれの物語の背後にある詳しいところを知りたい方のために、各章の終わりに『バック・ステージ』として、ゲーム理論とのつながりをより詳しく解説しました。これは、映画のDVDについている（役者・監督へのインタビューなどの）

特典映像のようなものです。『バック・ステージ』を読むと、物語に出てきた思考法がゲーム理論というものの中でどのように位置付けられているのか、イメージしていただけると思います。そしてそれをもって再度物語に目を通すのも、また一興でしょう。

　物語の中には、頭がこんがらがってしまうようなことを言う登場人（動）物も出てくるかもしれません。もし頭がこんがらがったなと思ったら、ちょっと飛ばして読んで、話の全体像をつかんでみてください。それからコーヒーでも飲んでから、また読み進めると、より理解が深まるかもしれません。そうこうするうちに、ゲーム理論の思考法の数々を、読後あなたが知らず知らずのうちに体得している、これがこの本の目指すところです。

　さて、ゲーム理論の専門的なことは「知らず知らずのうちに」での体得ということになるかもしれませんが、きっと読後明確に感じていただけるであろうことがあります。それは、

「世の中には、いろいろな視点があるんだな」

ということです。

　これはありきたりな感想ですが、私は大事なことだと思います。なぜかというと、**「いろいろな視点」の中にはたまに、今まで気づかなかった新しい視点が混じっている**ことがあるからです。

　私は、この本が皆さんが社会について**新しい視点**を持つきっかけになれ
ばと思います。そして、もしそんな新しい視点を導き出すゲーム理論に興味を持っていただけたら、著者としては嬉しい限りです。

　まあ、ゲーム理論の宣伝はここまでにして、ネズミの親子の日常を、少し覗いてみましょう。

プロローグ

私はネズミである。もちろん父もネズミである。なぜそんなことを言うのかというと、これから父とその娘である私が大活躍する物語が始まるからだ。

　私と父は、いわばビジネスパートナーだ。チームとして、毎日仕事に精を出す。我々の仕事にとって最も重要なことのひとつが、どこで仕事をするか、だ。

　我々ネズミにとって最適な仕事場はどこか。

　ひとつの家で仕事をし続けると、住人が我々に気づき、いろいろとちょっかいを出してくる。だからといって毎日新しい家に出入りするのも効率が悪い。いちいち新しい家の構造を把握し、最適な侵入経路を発見しなければならない。憎っくきネズミ捕りがあるかの確認だって、毎度しなくてはいけない。そこで我々は、いくつかのターゲットとなる家を決め、それらを順繰りに訪れる。これが、私たちの流儀である。

　こうして訪問先をローテーションしていると、我々もそれぞれの家の事情にいくらか詳しくなってくる。その家に誰が住んでいるのか、その人は何歳で、どんな仕事をしているのか、などだ。

　これらの情報が、家と家との間の移動に役立つ。たとえば水曜日の午後にＹ夫妻の家からＴ氏の家に行こうと思ったら、Ｙ夫妻の家の斜向かいにある市立図書館からＴ氏が出てくるのを待てばいい。Ｔ氏は毎週水曜日、ここでパートの仕事を５時に終え、愛車に乗って自宅を目指す。

　今日も我々は予定通りＴ氏の白色セダンに乗り込み、難なく家に潜入すると、壁伝いに移動をし、食器棚の裏の穴にたどり着いた。

　壁の中に入ると、壁裏を登り、踊り場に出る。

Ｔ氏の家は、２階建ての一軒家。１階には居間とダイニングキッチン、それに来客用の部屋がひとつ。２階には寝室が、東側と西側に２部屋ずつ並んでいる。「踊り場」とは、１階と２階の間にある、我々専用のスペースのことである。

　踊り場は、だいたいどんな家にもあって、各部屋の様子が観察できる。そこで我々は、家の中での数々のドラマを目撃する。そのドラマを注意深く観察し、そしてその続きを予測するのは、私と父の趣味というだけではなく、仕事の一環でもある。住人が、食料調達業務に関わる重要な情報を漏らす可能性があるからだ。

　ドラマの続きを予測するにあたって、踊り場というのは格好のポジションだ。住人の誰の側でもない客観的な立場から、成り行きを鳥瞰、とまではいかないが、鼠瞰（ちゅうかん）できる。そうしていると、時に住人の誰も気づかなかったことに気づけることがある。もちろん逆に、当事者の住人にしか考えつかない発想に、教えられることもある。

　居間のベージュのソファーにはＴ氏の娘が腰掛けている。その背後の壁にかかった白い掛け時計が、午後５時半を指す。

　Ｔ氏の声が聞こえる。
「じゃあ一休みしたら、夕食の準備をしよっか」
　これはいい。外で食べてこられたらかなわない。まあできれば、一休みはしてほしくないのだが。

16歳からの
はじめての
ゲーム理論
"世の中の意思決定"
を解き明かす
6.5個の物語

目 次

第 1 章

どうやって、皆の意見をくみ取るか
Ｔ家の場合

第 2 章

なぜ人は、
話し合うのか
H家の場合

第**3**章　相手が
　　　　　どうするかを、
　　　　　読む
　　　　　Eケーキの場合

第 3.5 章 ナップ・タイム

第 4 章 物事の バランスの 決まり方 ０交番の場合

第 **5** 章　　沈黙が
　　　　　　　伝える
　　　　　　　こととは？
　　　　　　　R家の場合

第6章　相手の行動を見て、考える
Y家の場合

第 1 章

どうやって、皆の
意見をくみ取るか
Ｔ家の場合

全 会 一 致

「それでな、これは重要なことだから、全会一致で決めようと思うんだ」

　食卓についたＴ氏の声がする。66歳。白髪混じりだがまだ若々しく、50代前半くらいには見える。昨年40年超勤め上げた会社を定年退職してから、部長としてのリーダーシップ経験を買われ、町内会の会長に引っ張り出された……というところまでは調べがついている。

「全会一致って、つまり、役員20人全員がいいと言わなければ、その案は却下ってこと？」

　これはＴ氏の娘。どうやら、明日開かれる町内会の話題のようだ。

「うん。なんてったって重要な案件だからね。1人でも嫌だと言うならば、お父さんとしても推し進めるのに気がひけるってわけだ」

「なるほどね」

「それにな。ちょっとこれはずるいから口外はしてほしくないんだが、お父さんとしては今回の案は通したくないんだ。町内会長としての任期もあと数ヶ月だろう？　辞める前に面倒は起こしたくなくてね」

「そうなんだ。でも、全会一致ならお父さんが反対の1票を入れれば、それで決まりなんじゃないの？」

「はっはっは、そんな野暮なことはせんよ。もしお父さん以外のみんなが賛成するならな、そりゃお父さんだって賛成ということでいたいんだ。無記名とはいえ、賛成19対反対1じゃあ、内心ちょっと心苦しいだろう？」

「責任を感じたくないってわけね。でも本当にうまくいくかしら。反対と言っている役員だって、内心はわりとどっちでもいいと思ってるんでしょう？」

「大丈夫だよ。全部で19人も役員がいるんだ。1人くらい反対するさ」

確率の話

〜〜〜〜〜〜〜〜〜〜〜〜〜〜〜〜〜〜〜〜〜〜〜〜〜〜〜〜

「ねえ父さん、全会一致なんてきれい事言って、Ｔさんってずるい人だね」

「さあ、そううまく思惑通りにいくかな」
　父はあまり興味はないといった様子で、踊り場の隅でネズミ捕りの定期
点検に勤しんでいる。
「いくに決まってる。Ｔさん以外の役員が19人。たとえ1人90％の確率
で賛成するとしても、議案が可決される確率は結構低そう」
「うむ。0.9を19回かけると、それが1人残らず賛成する確率、つまり議
案が可決される確率になる。この確率は、だいぶ低そうだな。0.9はなか
なか大きいとはいえ、なにせ19回もかけるんだからな。父さんの見立て
だと、19回かけた数は……うーん、こりゃややこしいな。ま、結構低いん
じゃないか？」
「父さん適当！　でも、たしかに計算はややこしそうだね。あ、そういえ
ば、娘さんの言い分だと、結構みんな賛成か反対かどっちでもいいって思っ
てるんでしょ。もし1人50％で賛成なら、これは計算がちょっとは楽だよ。
今度は0.5を19回かけるわけでしょ。ということは、1を2で19回割るっ
てこと。だから、つまり、2分の1、4分の1、8分の1、16分の1……あ、
10回割るだけで、1024分の1だよ。19回も割ったら、これはほぼゼロだ
ね。つまり、議案可決はほぼ0％ってことになっちゃう！」
「ふふん。いや、そうかもしれないけど、なんでそんなにこだわるんだい？」
「こだわるも何も、これ何の議案か知ってるの？　『ネズミ捕り業者と契
約解除するか』だよ？　これが否決されたらネズミ稼業の氷河期がまだま
だ続くって、父さん分かってるの？」

「議案可決はほぼ0%」の図

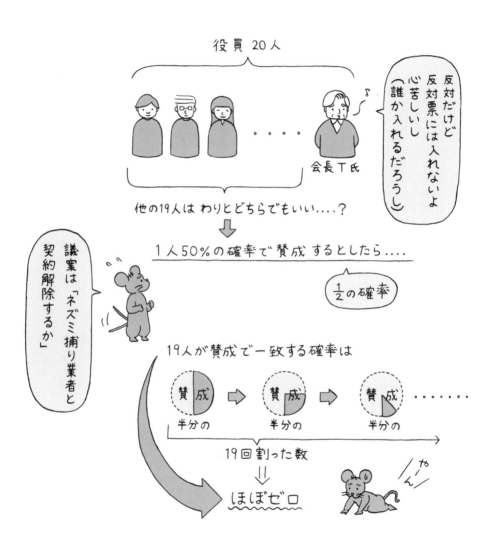

「おお、そんな議案なのか。でも、まあ何となく大丈夫だと思うよ」
「のんきだなあ、父さんは」

　翌日、午後7時半になろうかという頃。予定より遅めに帰宅したT氏は、威勢良く家のドアを開けた。
「ただいま！」
「お帰りなさい、待ってたわよ。ずいぶん機嫌がいいのね」
　T氏の娘は、T氏が左手にぶら下げたケーキの箱を確認した。

集 会 所

　その日は昼過ぎから雨だった。集会所に集まった役員たちは、各々少し緊張した面持ちであった。外の雨音が、逆に室内の静寂を際立たせた。

　たかがネズミ捕り、されどネズミ捕り。この一帯はネズミに随分と苦しめられてきた。ひと昔前は各家庭が思い思いの工夫でこの小動物と対峙してきたのだが、ある時これが町全体の問題だと分かり、町をあげてネズミ駆除会社にこの苦痛を取り除いてもらおうと決定した。その成果があってか、近年ではネズミの被害はほとんどなくなった（もちろん、完全にはなくなっていない。少なくともT氏の家では、今夜被害がありそうだ）。

　喉元過ぎれば熱さを忘れる。そこで住民たちは、もう駆除会社との契約は必要ないのではないか、と考えるに至ったのだ。

　契約解除を訴える者もいる一方、以前の苦しみを覚えている一部の住民は、抵抗した。契約解除の議案は普段これといって議題のない町内会の格好の標的となり、会は毎度白熱。反対する者の駆除業者との癒着を疑う者さえ出てきた。

　そこでT氏は、この問題に決着をつけるべく、いつまでも終わらない話し合いをやめ、投票を敢行することにしたのだ。

皆 の 意 見 を く み 取 る 木 箱

　20人の役員が席に着くと、T氏は起立し、簡単な演説を行った。

　「えー、役員の皆様。今回はお足元の悪いなか、ネズミ駆除業者『ノーラット』との契約解除案に関する投票につきましてお集まりいただき、ありがとうございます。この度は重要案件のため、会長であります私の意向で、全会一致で契約解除の希望となった場合のみ、契約解除を決定したいと思います。何か、投票に先立ちまして質問やご意見などある方、いらっしゃいますでしょうか」

　T氏はそう言って、20畳ほどの会議室を見渡した。
　「会長、全会一致ということならば、無記名での投票にするより、契約解除反対の方に挙手を願えばいいのではないでしょうか？」
　これは町内で学習塾を営むR氏。役員会の若手筆頭、効率性を何より好む男だ。
　「いえ、そうすると反対の方は少し手を挙げにくいでしょう？　無記名でやるのがいちばん皆さんの意向を正確にくみ取れる方法だと判断しました」
　ここで2、3の他の役員から、もっともだとの声が上がる。

　「では、投票に移りましょう」
　そう言ってT氏は、前もって準備してきた20枚の紙切れを、各役員に配った。紙には、上に『契約解除に賛成』、下に『契約解除に反対』とプリントされており、どちらかにマルをするという寸法になっている。
　「では、記入を終えられた方から、投票箱に入れてください」
　T氏は、役員会の投票用木箱を自分の目の前に置いた。そしてその箱の

陰で自分の投票用紙の『契約解除に賛成』を慎重に楕円形で囲む。これを丁寧に折りたたみ、木箱に入れた。それに続き、他の役員もばらばらと木箱の前に来ては投票をし、元の席に戻っていった。

賛成、賛成、それから賛成

「それでは、皆さんの投票が済んだようですので、投票箱を開けさせていただきます」

　箱の裏側の金色にキラリと光るツマミをひねると、中からわさあ、と各々折りたたまれた紙が飛び出る。それを1枚ずつ開き、読み上げる。まあ、そうもかからず終わるだろう。反対が1票でも出れば、終わりなのだから。

「えー、賛成。次のは、賛成。それから、賛成」
「次は、えーとまた賛成。そして5枚目は、あ、また賛成」

　おかしい。おそらく半分くらいの役員は反対派だったはずだ。5枚も連続で賛成が続くとは。まあ、残り15枚の中に1枚でも反対があればいいのだから、そう焦ることもない。それに今焦ったところで、もう結果は木箱の中にあって変わらないわけだし。

　続けて読み上げる。

「賛成。次……も、賛成」

少し会議室がざわめく。Ｔ氏は「大丈夫ですよ、心配ありません」という顔を皆にして見せる。

「賛成。さん、せい」

「賛成。えー、これで10枚賛成です。あとまだ、半分ありますね」
　Ｔ氏はできるだけ口角を上げてにこやかに言うが、顔の筋肉はこわばり、声は僅かながら震えていた。

「賛成、賛成……」

　紙をめくる手は次第に速くなり、ついに、最後の投票用紙──それは紛れもなくＴ氏自身のものと分かる正確な楕円が描かれたものだったのだが──が開かれた。
　Ｔ氏はコの字型に並べられた机の真ん中に視線を落として宣言した。

「最後も賛成。これで議案は可決されました」

　会議室には、パラパラと乾燥した拍手が鳴った。そしてそれはすぐに、窓の外の雨音に打ち消された。

私の票は、いつ関係あるか

　集会所の後片付けを終えたＴ氏が外に出ると、雨はすっかり止んでいた。Ｔ氏は視線の先の銀杏の木の下に、２つの人影を認めた。近寄ってみると、Ｆ夫人と、Ｋ氏である。２人は反対派の急先鋒だった。少なくとも、投票の前までは。

「どうも、今日はお疲れ様でした。いやー。全会一致の賛成で、正直驚きましたよ」

　恨めしそうにならないように気をつけながら、しかし十分恨めしそうに、T氏は言った。

「いや、私たちも今そのことを話していたんですよ。まさかこんなことになるなんてね、って。でも、私はこれで良かったんだと思うわ」

　ボリュームのあるきつめのパーマヘアを揺すりながら、F夫人は言う。

「どういうことです?」

「少し考えてみたんです。役員は20人もいるでしょう?　最初はね、私が賛成票を入れようが反対票を入れようが、どうせ他に反対票を入れる人は1人くらいいそうなものだから、私は何を入れても関係ないと思ったの」

「私 の 票 は 関 係 な い わ」の 図

20人のうち1人でも反対すれば「ノーラット」との契約続行

F夫人

賛成　賛成　反対　賛成　……　どっちでもいっか

私の票は関係ない

1人誰かが反対すれば(どうせするでしょ)

私がどちらに入れようと

「はあ。でもあなたが反対票を入れたらそれで結果が契約続行に確定するという意味では、『何を入れても関係ない』というのとも、ちょっと違う気がしますが」

と、T氏。あなたが反対に入れれば良かったんですよ！と口からこぼれ出そうである。

「そう、そこなのよ。つまりね、**私はいつ私の票が関係あるか、を考えてみたわけ。するとそれって…**」

「他の19人全員が賛成のとき」

と、間髪入れずにK氏。株の売買で生計を立てる、やり手の男らしい。F夫人は頷く。

「でしょう？　つまり、私以外全員が賛成票を入れたときだけ、私の票が大事になるのよ。そこでね、他の方が全員賛成に入れるときって、どういうときかしら、って考えたの。それってきっと、契約解除すべきって皆さんは分かってらっしゃるのに私だけそれをちゃんと理解できていない、ってときなのよ。つまり、本当は賛成したほうがいいってとき。だから、そんなときに私の1票で結果を覆しちゃいけない、って思ったの」

「ははーん、なるほど。つまり、**全会一致だからこそ、賛成しておくのがよさそうだ**と」

「ええ、そういうことよ、Kさん。もしこれが全会一致じゃなくて多数決だったら、私だって反対に入れたと思うわ」

「なるほど、これは一本取られましたな、Tさん」

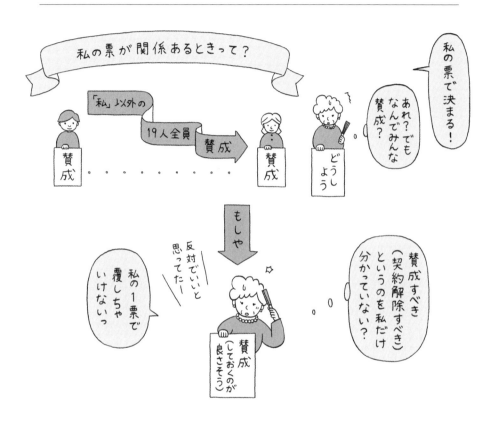

19票の持つ情報

「そういうわけなんだ」

　娘と食卓についたＴ氏は、一通りの説明を終えた。夕飯のスパゲッティー・カルボナーラに粉チーズをかける。

「つまり、もともと反対派だった人もみんな、賛成にしちゃったのね。お父さんも悪知恵を働かせないで、素直に多数決にしておけば良かったわね」

「そこが、まだ分からんのだよ」

Ｔ氏はやけに楽しそうである。

「どういうこと？」
「だってだよ、全会一致でさ、もしもＦさん以外の役員もみんな、Ｆさんのように考えていたとするだろう？　つまり、賛成派の役員はもちろん、本当は反対派の役員さえも、『自分の票が関係あるのは……』とか言い出して、賛成に入れる。すると、どの役員の賛成票もべつに、契約解除の望ましさを反映したわけではない、ということになる。たとえば、Ｆさんの賛成票はべつに、Ｆさんの賛成という意見を反映したわけではない」

「だから？」
「うむ。Ｆさんは『私以外の19人が賛成に入れるのは本当に賛成するのがいいとき』と言っていたが、そもそもこれがなんでだったかを思い出すと、それはまさしく、19人の賛成票が『賛成が望ましい』という他の皆の意見を反映しているとＦさんが思ったからだろう？　でもこの19人が皆Ｆさんのように考えて自分の意見にかかわらず賛成に入れたとする。すると、実はこの『賛成が望ましい』という意見ってやつが、19個の賛成票の背後には無いってことになるわけだ。というわけでＦさんはやっぱり反対に入れるべきだったんじゃないか、こう思うんだ」
「なるほど、Ｆさんは、他の人も自分のように考えるかもしれないということまで考えが及んでいなかった、だから考えが足りないんじゃないかって言いたいのね」
「まあ、Ｆさんに限らず、賛成に入れた反対派全員だな！　反対に入れた方がいいと思った役員は、反対に入れるべきだった」
「うーん、そうかなあ。それもそれでやっぱり何か違う気がするけど……」

　Ｔ氏の娘は、必要以上にフォークに巻きつけられたスパゲッティーを見

つめる。頭の中も、中々にこんがらがってきている。Ｔ氏はまた、粉チーズを振りかける。

「それに、だ」
「何？」
「べつに多数決にしたからって、上手くいくかどうかはそこまで明らかではない思うな。多数決にしたら、役員は皆自分の思い通りに投票したかな？」
「さあ、それはどうかしら。Ｆさんみたいにいろいろ考える人がいるかもね」
「そうなんだ。そこで、お父さんもＦさんみたいに考えてみたんだ。つまり……」
「つまり？」

Ｆ さ ん み た い に 考 え て み る

「もし多数決にしたら、皆自分の思う通りの投票——つまり賛成と思う人は賛成に１票、反対と思う人は反対に１票入れる——とするだろう？　しかも、それで反対派が勝つとしよう」
「つまり、反対派の方が多いってことね？」
「その通り。そしてその反対派たちは、わりと賛成と反対、どっちでもいいと思ってるんだ」
「はあ。で、どうやってＦさんみたいに考えるの？」
「そこがお父さんの賢いところだ。いいか？　反対派の、じゃあＫさん、このＫさんの１票が関係あるのは、いつだと思う？」
「たしかにＦさんみたいなことを言うわね。うーん、Ｋさんの１票が関係あるのは、Ｋさん以外の19人のうち、賛成と反対が半々くらいのとき、じゃない？」

「その通り！」

「え、でもちなみに結局賛成10票反対10票になったらどうするの？」

「実はそこんとこは町内会ではうやむやにしているんだ。ま、本当にそうなったら、もう1回話し合って、また投票したりするんじゃないかな？とりあえず10対10だったら、50％で可決、50％で否決になるとでも思っておこう」

「そうすると確かに、Kさん以外の19人のうち、10人が賛成で9人が反対のとき、もしくは9人が賛成で10人が反対のとき、そしてその2つだけがKさんの票が関係あるときね」

「そこでだ。今考えてるのは、反対派の方が多いと思われている状況だ。でも、Kさんが考えるべき『自分の1票が関係ある』状況は、9人か10人もの賛成票がある、というとき。実はそんなに賛成派がいるとしたら、Kさんはどう思うだろう？」

「なるほど、『思ったより契約解除に賛成派が多いな、契約解除には自分が気づいていなかったメリットがあるのかも』と思うかも」

「その通り」

「それで、もともとKさんは反対にものすごい思い入れがあったわけでもないし、『じゃあやっぱり賛成の方がいいのかも』と思うってわけか。というか、もう少し正確に言うと、『自分の票が関係あるとしたら、それは賛成すべきときだろう。だから賛成に入れておこう』と思うかも、ってわけ」

「よしよし」

「え、でもそれじゃあKさんは元は反対派なのに、多数決では賛成に1票入れるべきってこと？」

「そうとは言っていない。そんなこと言ったら、反対派は全員賛成に入れることになってしまう。それはそれでおかしい。お父さんが言いたいのは

な、多数決にしたら皆自分の思う通りに投票すると結論づけるのは、早計なんじゃないか、ってことだ」

「なるほど。Ｆさんみたいに考えると、Ｆさんの言っていることにも疑問が生じてきたわけね」

計 算 は 合 っ て い る

「それにしてもなかなか難しい問題ね。結局、多数決にした方が良かったのか、全会一致のままで良かったのか、分からないわ」

「うん、お父さんにも、よく分からん。でももともと考えていたほど単純な話じゃないってことは、よく分かった。**投票するのに、他の人が何を考えているかを、ここまで考えなくちゃいけない**とはな」

「うん。でもまあ、いくら今ここで屁理屈をこねたところで、何にせよ今回は契約解除で決定なんでしょ？」

「いかにも」

「それにしても、なんでそんなに嬉しそうなの？　ケーキなんか買ってきたりして。それどこのケーキ？」

「はっはっは。実は投票結果が思い通りにならなかったんで、帰り道に気晴らしに少し遠回りしたんだ。そしたら、新しいケーキ屋を見つけたんだ」

「え？　どこ？」

「ほら、駅の裏の酒屋がひとつ潰れただろう？　あそこがケーキ屋になったんだよ。ちょうど今日が開店日だったみたいだぞ」

「そうだったのね。最近そっちの方に行かないから知らなかった。それにしてもケーキ１つで機嫌が変わるなんて、お父さんとしても、投票結果はわりとどちらでもよかったのね」

赤いイチゴの乗ったショートケーキをつまむＴ氏と、モンブランをつつ

くその娘を見ながら、父は舌なめずりをした。

「だから言っただろう？　大丈夫だって。お前の計算は当てにならんな！」

「いや、計算自体は合ってるわ。ただ、私は役員が皆自分の思う通りに投票すると勝手に思ってたんだけど、それが違ったわけ。Fさんのようにわけの分からないことを考える人がいるから、こうなっちゃう」

　そう言いつつも、私は分かっている。Fさんの言っていたのは、わけの分からないことではない、至極まっとうなことなのだ。どのくらいの人が本当にFさんのように考えたかまでは分からないが、現に議案は可決されたではないか。

　父はここまで見抜いていたのだろうか。はっきり見抜いてはいないけれど、長年のカンというやつで感じたのだろうか。何にせよ、父にはまだまだ敵いそうにないなと思う。この父と稼業を続ける限り、私は安泰だろう。

「こうなっちゃうっていうか、まあこうなってよかったんじゃないか？　『ノーラット』と契約解除ということは、我々の命も繋がったってことだ。それにおかげでこうやって今日は、うまいケーキにありつけそうだぜ？」

バック・ステージ
その1

　ネズミ親子の最初の物語は、Ｔ氏の全会一致にまつわる話でした。この話の元ネタは、1998年に*American Political Science Review*という学術雑誌に紹介された、ティモシー・フェダーソン氏とウォルフガング・ピーセンドルファー氏による "Convicting the Innocent: The Inferiority of Unanimous Jury Verdicts under Strategic Voting"（訳：『無実の罪：戦略的投票下での全会一致の劣位性』）という論文です。この論文では、全会一致および多数決を含む様々な投票システムの数理分析がなされています。

　この論文で、全会一致という一見「なかなか議案が通らなさそう」な手法の思いがけない落とし穴が、数式を使って厳密に明らかにされました。どのように投票すべきかを考えるとき、他の投票者を確率的に行動するロボットのようなものだと思う当初のネズミ親子の考え方は、「社会の中で考える」ためには十分ではありません。Ｆ夫人のように、他の人も頭で考える人間であることを加味すべきだ（これを、「戦略的投票」といいます）、というのが、今回の物語のミソです。

　アメリカの陪審制（市民が裁判に参加し、有罪・無罪の判定をしたりする制度です）では、基本的に全会一致が採られます。これはおそらく評決に慎重を期すためでしょうが、実は陪審員たちの戦略的投票により、無実の被疑者が有罪とされてしまう可能性が高い制度になってしまっているということを、論文は指摘しています。それで、「無実の罪」という論文タイトルになっているわけです。

　私が初めてこの論文に出合ったのはアメリカに渡ったばかり、大学院１年生の頃でした（私は2007年にアメリカに渡り、それから現在までずっとアメリカで生活しています）。当時同じ大学院の５年生だった（そしてのちに私と共著論文を何度も書くこととなる）小島武仁氏に政治経済学の面白さを教えてもらっていた時に話題に出てきたのだったと、記憶しています。

政治経済学とは、経済学のツールを用いて政治を分析しよう、という学問分野です。この政治の理論の研究、たとえば投票行動の分析や、選挙候補者のマニフェストの決定問題は、ゲーム理論が応用された成功例です。投票者どうしがお互いの投票行動を読み合いながら何に１票投じるかを考えたり、候補者どうしがお互いのマニフェスト決定を読み合いながら自分のマニフェストを決めたり。そうした分析には、ゲーム理論がもってこいなのです。なぜ投票率は上がらないのか、なぜ政治家は曖昧なことを言うのか、もしくはなぜどの政治家も似たようなことばかり言うのか。ゲーム理論を使って、こうした問題に次々と答えが見つかっていっています。

第１章のポイント

自分の行動を決めるには、
他の人の行動の背後にある考えを
読み解くことが重要

"他の方が全員賛成に入れるときって、どういうときかしら、って考えたの。
それってきっと、契約解除すべきって皆さんは分かってらっしゃるのに
私だけそれをちゃんと理解できていない、ってときなのよ" ➡ 030 頁

自分が他の人の行動について考えているのと
同じように、他の人も皆の行動について
考えているかもしれない

" Ｆさんは、他の人も自分のように考えるかもしれない
ということまで考えが及んでいなかった " ➡ 032 頁

全会一致が最も慎重な決め方だとは限らないし、
多数決ならうまく皆の意見をくみ取れる
とも限らない

" 多数決にしたら皆自分の思う通りに投票すると結論づけるのは、
早計なんじゃないか " ➡ 035 頁

第 2 章

なぜ人は、
話し合うのか
Ｈ家の場合

同 じ 意 見

「どう思う？」

「うーん、私の見立てだと、1階キッチンのガスコンロ右の隙間から侵入するのがベストかな」

「うむ、父さんとしても同じ意見だ。よし、これで決まりだな。寝静まったら決行だ」

　その日の住まいに着くとまず我々がするのは、家中の探索だ。経験豊富な父は危険を察知する能力に優れているが、近頃どうやら鼻が弱くなってきている。その点私はまだ若い。私の嗅覚と、父の危険察知能力を合わせて、夜の仕事に最適なルートを決める。私と父、各々が各部屋を丹念に見て回り、今日は2人で同じ結論に至った。

　1階キッチンの、ガスコンロ右の隙間。

　今日の家はH氏の邸宅。住宅の密集する街の中心を見下ろす小高い丘に立つ、西洋風の古い2階建てだ。

　この邸宅のように「古い」と「広い」の2条件を揃えた家は 侵入経路も移動経路も多く、我々としては非常に仕事がしやすい。無論それは住人の方でも分かってはいるようなのだが、彼らは彼らで、まあそういうものだと諦めているきらいがある。

　H氏は、若い頃数々のスター歌手のプロデュースで財を成した。現在は76歳。既にプロデュース業からは引退し、町に所有するいくつかの不動産の家賃収入で、悠々自適に暮らしている。

　H氏のプロデュース手法は他のどのプロデューサーとも異なっていた。

　彼は全国を行脚し、歌手の卵を発掘するオーディションを行った。ビジ
ネスパートナーは、ミスWとミスU。ミスWは音楽的センスに優れ、ミス
Uは美的センスに優れる。ただし、ミスWの美的センスおよびミスUの音
楽的センスは、当てにならない。

　2人は候補生一人一人に丹念に聞き入り、見入り、審査を行った。彼女
たちの才能を合わせて最高の人材を次々と発掘し、プロデュースにまでつ
なげていったのが、H氏なのだ。

最初はうまくいっていた

「最初は、それでうまくいっていたんですよ」

　H氏の口調は丁寧だ。彼を訪問してきた女子中学生の4人グループは、

恐縮しきっている。近所の高齢者にインタビューをしてくるという学校の課題が出たので、ダメ元でかつての有名人に連絡を取ったところ、金曜日のティータイムにならいいですよ、と快諾されてしまったのだ。

「『最初は』とおっしゃいますと、その後何か問題でも起きたのですか？」
　いちばんＨ氏に近いところに姿勢良く座った生徒が尋ねる。
「ええ、そうなんです。簡単に言うと、ＷさんとＵさんの仲が悪くなってしまった、というわけで」
「では、それでオーディションもやらなくなったってことですか？」
「いや、そういうわけではありません。オーディションはずっと続けたし、いつでも、２人が推す候補生はだいたいいつもぴったり同じでした」
「それはすごいですね、やっぱりセンスってあるのかな」

「でも、２人の意見がいつも一致していたなら、べつに問題ないんじゃないですか？　最高の人材を発掘し続けられたわけですよね？」
「私もそう思っていたんですけどね、発掘した候補生が売れなくなったのは、ちょうど２人の仲が悪くなってからなんですよ。どういうわけか」

「２人の仲が、デビュー曲に何か影響でもあるんですか？」
「いや、そういうわけでもないんですがね」
　正確に櫛でといだ白髪を撫でながら、Ｈ氏はティーカップに熱い紅茶を注ぐ。それに追従するように、女生徒たちは出されたクッキーをポリポリと嚙む。

「なんか要領を得ない話。プロデュースがうまくいかなくなったのを、ミスＷとミスＵのせいにしてるだけに聞こえる」
「そうかもな」
　父は生返事だ。今夜の仕事のことで頭がいっぱいのようだ。広い家というのは収穫も大きいから、それだけ気合いが入るのだ。

オーディション

「オーディションって、どんな感じなんですか？」
「はっはっは、どんな感じ、か。まあ、普通に皆さんが想像するような感じだと思いますよ。ありきたりな会議室みたいなところがあって、そこに長机が１つ。ＷさんとＵさんが座ってます。その部屋に胸に番号札をつけた候補生が１人ずつ入ってきて、歌やダンス、ファッションを披露するってわけです」
「Ｈさんもその場にいたんですか？」
「いや、いませんね。僕はよく分からないですから。僕の仕事は、選ばれた歌手に歌を書いてくれる人を探したり、でき上がったＣＤを売り込んだり、そういうことだったんです」

「それで、候補生がいっぱい来て、それをミスＷとミスＵが審査して、それからどうなるんですか？」
「はい、昔は、候補生が皆帰ったあと、ＷさんとＵさん２人で長いこと話

し合っていたみたいなんです。なかなか会議室から出てきませんでしたよ、あの頃は。それで、出てくる時には、『この子が一番』と意見はまとまっていて、それをただ私に知らせるんです」

「昔は、ということは、それが2人の仲が悪くなってからは変わったということですか?」
「いかにも。仲が悪くなってからは、だいぶ変わりましたよ。最後の候補生が退出するなり2人とも出てきて、私のところに来るんです。それでそれぞれ、『私はこの子が一番だと思います』とだけ言って帰っていく。まあ、その『一番』がだいたいいつも2人で同じだったから、僕はその一番さんをデビューさせてきたわけですが」

「なるほど。2人は仲が悪くなっても、息は合っている、って感じですね。でも、もともとそうやって意見が一致しているなら、なんで昔は話し合いにそんなに時間がかかったんでしょうね」
「さあ、それは分かりません。実はただ2人で世間話でもしていただけなのかもしれませんな」
　へー、と言いながら、H氏からいちばん遠いところで話を聞いていた中学生は、紺色の制服に落ちたクッキーのカスをつまむ。このポジションは、いちばん緊張せずに済むようだ。

「やっぱり。ミスWもミスUも悪くない。商売がうまくいかなくなったのは、Hさんに原因ありよ」
「さて、そうとも限らんぞ」
　父は今夜の仕事のことをひと通り考え終えたようだ。
「こんな話を知ってるかい?」
「なによ」
「ある国の王様と、2人の賢者の話。東の賢者と、西の賢者だ」

「はあ」

「２人は賢者と呼ばれてはいたが、その実、たいした知恵も持っておらん。王様はそれを見抜いていた」

「それがＨさんの話とどう関係あるのよ」

「まあ聞きなさい」

王 様 の 試 験

むかしむかし……。

王様は、賢者を１人ずつ城に呼び出した。

「近年は不作が続き、民の生活も苦しくなってきておる。だからわしは今年に限り租税を撤廃し、民の暮らしを少しでも潤わせようと思ったんじゃ」

「なるほど、さすが王様、ご賢明であられます」

「しかしな、これにこやつが反対するんじゃ」

隣で無表情を作っている四角い顔の大臣を指差す。

「もし租税を撤廃すれば、城の財政は逼迫（ひっぱく）し、民のための投資、道路や用水を整備したり、学校の教師に給料を払ったり、そういったことができなくなる。だから租税を撤廃してはならぬと言うのだ」

「なるほど、大臣の考えも一理ありますな」

横に大臣がいては、賢者もうかつなことは言えない。

「わしもそう思う。大臣の意見にも大いに賛同する。そこでだ、そなたに租税を撤廃すべきかどうか、考えてきてもらいたいのだ。明日、ここで結論を聞こう」

翌日。城内奥に位置する、昨日と同じ部屋。

２人の賢者が起立していた。なぜもう１人の賢者も来ているのだろう、と思いながら。

「昨日今日と、城までの足労、感謝する。結論は、出たかな？」
「はい、しっかりと書簡にしたためて参りました」
「私も同様であります」

「よろしい」
　そう言うと王様は、各々から書簡を受け取った。しかし封を開かずに、部屋の中央の丸テーブルの上に置く。そして顔を上げ、厳かな表情を作った。
「実を申すとな、わしは近年、そなたら２人の賢者としての資質に疑問を抱くようになった」
「は、それは私たちの力量不足によりますところ、深く反省いたしまする」
　２人の賢者は一瞬顔を歪めたが、すぐに取り繕った。
「まあよい、そこでだ。わしは試験を行うことにした」
「はあ……と、申しますと？」
「実は、今回そなたたちに進言を頼んだが、これが試験だったのだ。もし２人の進言が同じであれば、私は疑いを全部忘れ、これからもそなたたちの進言を信じることとしよう。しかしな、もし２人の進言が違えば、少なくともどちらかはエセ賢者だということになる。城にエセ賢者は１人として必要ない。であるからして、その場合は、２人ともを国外に追放しよう」

「お、王様、お言葉ですが、それはあまりでございます」
　これは東の賢者。
「私はもちろんエセ賢者などではありませんが、もし西の賢者がエセ賢者であり私と異なる進言をしましたならば、私も追放されてしまうではありませんか」
「国のためには仕方なかろう」
「いや、待ってください、これは黙って聞いておれませぬ。私はエセ賢者などではありませぬゆえ」
　これは西の賢者。

「とにかくだ、今から１時間だけ猶予をやろう。もしそなたたちが今この進言を取り下げるのなら、それもそれでよい。その場合はもう賢者としては働かせないが、正直さに免じて国から追放するのはよしてやろう。ただ、取り下げないのであれば、そなたたちは国外追放になるかもしれないと、よく心得ておくように。進言を取り下げるかどうか、よくよく２人で話し合って決めるんだな」

　そう言って王様は、部屋を出て行った。

<h1 style="text-align:center">東 の 賢 者 と 西 の 賢 者</h1>

　２人の賢者は頭を抱えた。彼らはお互い、相手がエセ賢者だと知っている。自分のように相手も、租税撤廃すべきかどうか、テキトウに書いたに違いない。

　東の賢者は自分が進言に何としたためたかを、もちろん覚えている。ただ西の賢者が何を書いたかなど、分からない。五分五分というところだろう。

　西の賢者としても、自分が進言に何としたためたかを、もちろん覚えている。ただ東の賢者が何を書いたかなど、分からない。五分五分というところだろう。

「うむ、私は我々２人の進言が同じであるのは五分五分と見た。そのような賭けに出る勇気はない。西の賢者よ、ここはおとなしく進言を取り下げ、隠居することにしないか」

「東の賢者よ、私も同じことを考えていた。私の見立てでも、我々の進言が一致するのは五分五分だ。王様に頭を下げ、隠居することとしよう」

「では、決まりですな」

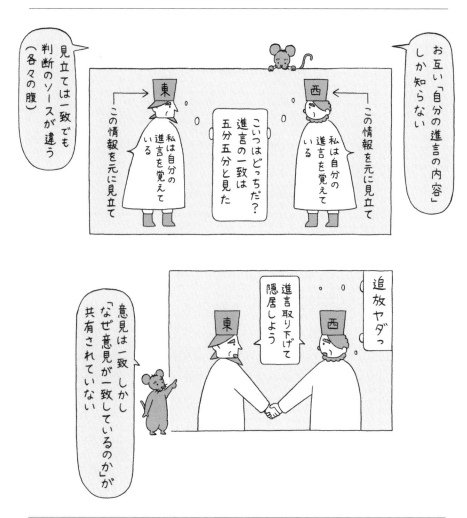

　ものの数分で終わった話し合いの後の時間を、2人は西日の差すその部屋で静かに過ごした。商売上がったりの初老の2人は、壁に背を向ける長椅子に並んで腰掛け、少々まどろんだ。

自分のものではない

　ガサゴソという音に初めに目を覚ましたのは、西の賢者だった。テーブルに置かれていた2人の書簡が、食いちぎられている。

　ネズミの仕業だろう。

　駆け寄ると、食いちぎられた書簡の中身の金縁の紙から、「租税撤廃に賛成」の文字が覗いている。しかしその字は、自分のものではない。
　遅れて東の賢者が駆け寄ってきた。

「なんたること、私の書簡が破られてしまうとは。王様にどのように弁明しよう」
「いや、これは素晴らしいですよ。私はあなたの進言をこの目で確認しました。私の進言も『租税撤廃に賛成』です。隠居はやめて、このまま進言いたしましょう！」

五分五分で一致

「と、いうわけだ」
「ど、どういうわけ？　そりゃ、書簡の中身を見れば、どうしたらいいか分かるのは当たり前じゃない。ていうかそもそも、賢者は2人でお互いが何を書いたか言い合えば良かっただけの話じゃない」
「そう、その通り。お前の言う通り、進言の中身が分かればどうしたらいいか分かるのは当たり前だ。でも、賢者たちは最初、2人とも五分五分でしか進言が同じではないと思っていた。だから2人とも進言を取り下げようとのことで意見が一致した。つまり、2人の意見はぴったり一致してい

たんだ。でも、もっと情報を共有すれば——つまり進言の内容を伝え合えば——その意見は変わり得た。つまり、**たとえ意見が一致していてもさらに話し合うと2人とも意見を変えうる。**この点は、そこまで当たり前じゃないだろう？」

「なるほどね。そう言われてみるとなんか不思議ね。意見が一致していても、もっと話し合ったほうがいいかも、だなんて」

「だろう？　それがこの話が言い伝えられている理由だ。この話のミソはな……」

「ちょっと待って、分かった気がする」

　私はいつも、こうやって父の話を遮る癖がある。

「つまり、こういうことでしょ。東の賢者は自分の進言だけを知っていて、西の賢者が何を書いたかは五分五分だと思った。だから、進言が一致するのも五分五分だと思った。

　一方、西の賢者は自分の進言だけを知っていて、東の賢者が何を書いたかは五分五分だと思った。だから、進言が一致するのも五分五分だと思った。

　2人は『五分五分』という見立てこそ一致していたけれど、どんな情報を元にその見立てにたどり着いたか、つまりなぜその見立てに至ったか、これが異なっていたということね」

「まさしく。それでその『なぜ』を共有することで、**2人は意見を変えることができたんだ**」

「なるほど。そして、ミスWとミスUの話とのつながりも見えてきたわ」

「ほうほう」

　父は楽しそうである。

『 な ぜ 』 を 共 有 す る 時 間

「２人の仲が良かった時は、候補生の審査の後に長い話し合いをしていた。きっと、『なぜ』を共有する時間だったのね。それで、たとえ２人の意見が最初一致していたとしても、話し合いでその意見が変わることもあった」

「その通り。なにせ、『なぜ』が違うからな。ミスＷは音楽性に優れ、ミスＵは美的感覚に優れていた」

「うん。でも仲が悪くなってからは、その『なぜ』の共有をしなくなった。ちょうど、２人の賢者が２人とも五分五分だと言ったあと、救世主のネズミさんが来ないって状態ね」

「その通り。そんな情報を元にＨさんがデビューする子を選んだものだから、最高の人材が見つからなかったんじゃないかな」

「なるほど、一理あるね」

「うん。たとえばな…」

「あれ、またたとえ話があるの？」

「いや、まあこのミスＷとミスＵの話なんだが、たとえば見込みのある候補生が２人いるとするだろう？　１人はそれなりに優秀で、ミスＷとミスＵそれぞれの目から見てもまあまあヒットするだろうという候補生。

　もう１人は、音楽性とファッション性がうまいこと噛み合えば大ヒットするけど、噛み合わなかったら空振りに終わるだろうというリスキーな候補生。

　この『うまく噛み合うかどうか』はミスＷとミスＵの２人が話し合わないと分からないから、もし２人が話し合わないなら２人とも自分の勘だけに頼ってリスキーな候補生を推す自信はなく、まあまあの候補生を推すだろう。

　でも、２人が話し合えば、リスキーな候補生が実は大ヒットしそうだと

いうことを見出すことができるかもしれない」

「そうか。そう聞くとＨさんの話は本当に、賢者たちの話みたいだね。『うまく噛み合う』ってのが、『進言が一致』に対応しているわけね。まあこれはたとえばの話なわけだけど、要は、ミスＷとミスＵは話し合わなくなったから、『なぜ』の共有がされなくなり、プロデュース歌手が成功しなくなった」

「そういうことだ。まあ、Ｈさんはこのことには気づいていないみたいだけどな。ミスＷとミスＵの仲が何がしかの作用をしていたというところまでは、考えたようだが」

よ く 話 し 合 っ て

「さて、こんなところで、課題の方は大丈夫ですかな？」

　Ｈ氏の邸宅にも、西日が差してきている。城だったら、そろそろネズミが出てくる頃だ。Ｈ氏は空になったティーカップに、すっかり冷めた紅茶を注ぎ足す。

「はい、お忙しいところ、ありがとうございました」

「なに、忙しいなんてことは全然ないんですよ。何せもう引退した身ですからね。隠居生活は暇なものです」

　女子中学生たちのノートには、インタビューのメモがぎっしりと書き込まれている。彼女たちはこれから、このインタビューの内容をレポートにまとめるそうだ。願わくば、よくよく話し合ってからその作業に取り掛かってほしいものだ。

　４人の少女たちが門の両脇の金木犀（キンモクセイ）の木の間をくぐり抜けるのを見送ると、Ｈ氏は余ったクッキーをキッチンに運び、コンロ脇の木製の台に置いた。

　リビングに戻ると、もとのソファに腰掛け、冷たい紅茶をすする。

目を細め、中学生たちの座っていたソファの向こうに見えるキッチンを
ぼんやりと眺める。

　私はその様子を見ながら、ハッとした。
「父さん、なぜ、1階キッチンのガスコンロ右の隙間がいいと思ったの？」

バック・ステージ
その2

　第2章はＨ氏の歌手プロデュースの話でした。この話の元ネタは、ジョン・ジーナコプロス氏とヘラクリス・ポレマルカキス氏による、1982年の論文です。*Journal of Economic Theory* という学術雑誌に紹介されたもので、論文タイトルを "We Can't Disagree Forever" （訳：『我々は永遠に見立てを違えるということはない』）といいます。2人の人間が自分の見立てを伝え合い続けたら果たして合意に至れるのか、という問いを数理分析した論文です。その中で、物語に出てきたような例が出てきます（もちろん、ミスＷやミスＵ、賢者たちは、出てきませんが）。

　たまに研究者仲間の間で「今まで読んだ中でのモスト・フェイバリット・ペーパー（一番好きな論文）は何か」という話になるのですが、私はそう聞かれるとこの論文を挙げます。まだ日本にいた大学生の頃、横浜元町のお気に入りのカフェでこの論文を食い入るように読んだのを、今でもつい昨日のことのように覚えています。この論文には、Ｈ氏の物語の元になった例の他にもいろいろと面白い例が出てきて、人と人とがお互い何を考えているかを探り合うゲーム理論の醍醐味が詰まっていたのです。

　この物語に出てくるような話をするにあたって使われる数学モデルは「知識のモデル」と呼ばれています。人によって社会で何が起きているかについて考えていることが違い、その中で人々がお互いの考えていることを予想し合う、という状況を数理的に表すモデルです。2005年にノーベル経済学賞を受賞したロバート・オーマン氏の1976年の論文 "Agreeing to Disagree" （訳：『同意しないことに同意』）（*Annals of Statistics*に掲載）が端緒となって今日まで発展してきている、ゲーム理論の根幹を成すものです。

　ちなみに先出の論文の問いである「2人の人間が自分の見立てを伝え合い続け

たら果たして合意に至れるのか」に対する答えは、論文タイトルにあるように、イエスです。でもこの答えの解釈には注意が必要です。まずこの答えを導くために、「見立て」とは何か、それを「伝え合い続ける」とは何か、そして「合意に至る」とはどういう意味か、をそれぞれ数学的に定義してやる必要があります。大ざっぱに言うと、毎日毎日「五分五分」「八割がた合っている」などの確率予想のみを2人が言い合い続けると、その確率予想が両者でそのうち一致する、というのが論文の証明したことです。2人の賢者が「五分五分」という確率予想で一致を見る、というのは、論文が証明したことと整合的です。もちろん物語の肝は、もし見立ての一致が見られても、実はもっと情報をシェアすればそれを変えられるかもしれませんよ、ということだったわけですけれども。

第2章のポイント

たとえ他の人と意見が一致していても、
それは話し合いを終える理由にはならない。
もっと情報を共有すると、
意見は変わるかもしれない

" 2人の意見はぴったり一致していたんだ。
でも、もっと情報を共有すれば
──つまり進言の内容を伝え合えば──
その意見は変わり得た " ➡ 051頁

情報を共有するときには、なぜ現在の自分の考えに至ったかを伝え合うべし

"『なぜ』を共有することで、2人は意見を変えることができたんだ" ➡ 053頁

第 3 章

相手が
どうするかを、
読む

E ケーキの場合

チーズケーキ

　焦げ茶色の丸テーブルに置かれた、白い紙箱。

　高鳴る鼓動をあざ笑うかのように、フタは簡単に開いた。

　閉じ込められていた甘い匂いが、向かい合った2人の間の空間を一瞬にして満たす。

「いい匂い！」

「そうね。匂いはいいわね」

　ケーキというのはいい匂いのするものだ。それは致し方あるまい。

「モンブランと、チーズケーキね」

「うん、モンブランはこの新しいケーキ屋のイチオシみたいなの。チーズケーキは、ウチのイチオシでしょ」

　娘は、もうケーキ屋の控え室全体に広がっているであろう甘い香りにうっとりしそうになるが、幾分はパティシエの母に気を遣おうともする。

「ま、食べてみようよ。ママのに敵うチーズケーキなんて、世界中探したってどこにもないよ。大丈夫」

「ありがとう、では食べてみましょうか」

Eさんは、チーズケーキから目をそらさないまま、モンブランにフォークを刺し、ひとかけら口に運ぶ。

「……どう？」
「うん、おいしいわね。とっても」
「私も食べてみようっと。……うん、たしかにおいしいわね。とっても」

　さすがに看板商品ということだけある。栗の甘い風味の中に、何を使っているのかどこかキックが効いていて、それが味全体を引き締めている。娘は、これは話題を変えるのが賢明と判断した。

「さて、チーズケーキね」
「よし、食べてみるか」

　2人は時を揃えて、チーズケーキを口に運ぶ。
「うーん、うん。うーん」

　娘はコメントに窮した。このチーズケーキは、母の作るものとは全く異なる。母のはどこか田舎くさい、懐かしくなるような味だ。口の中にいつまでもチーズの旨味がベタッと残る。
　いま口にしているチーズケーキは、つるんとしていて口の中で爽やかに消える。都会的というか洗練されているというか、とにかく母のものとは全く別の食べ物なのだ。比べようがない。

相手の店を、意識する

「うん。でもやっぱり私はママのチーズケーキの方が好きかな」
「『やっぱり』ってなによ、『やっぱり』って。たしかに、このチーズケー

キもかなりよくできてるわね。私これ、好きよ」
「そう？　私も」
「なに、さっき私のチーズケーキの方が好きって言ったじゃない」
「いや、ママのやつのほうが好きだけど、これもこれで好きってこと！」
「まあいいわ。それで、いくらしたの？」
「えっと、どれも一律340円だったかな」
「あらまあ。ウチは一律350円。私たちの店のことを意識してるのかしら。いやーね」

「いやーね」などと言ったものの、人のことを言えないのは分かっている。駅裏に新しくケーキ屋ができるという噂が流れ始めてからのこの数ヶ月、Eさんはいてもたってもいられなかった。そして開店してそう日も経たないうちに、自分の顔は割れているかもしれないからと、娘を偵察に送り込んだのだ。自分は相手の店を、意識し過ぎるほどしている。

「で、ママ、どうするの？」
「ん？　どうするって？」
「値段よ、値段。このままじゃ向こうのほうが安いんだし、お客さんを取られちゃわない？　330円にしとく？」

　その時、店の方から声がした。
「すみませーん」
「あらいけない、お客さんだわ。よそのケーキを食べてる場合じゃないわね。はいはい、今行きまーす」

売れども売れども

〰〰〰〰〰〰〰〰〰〰〰〰〰〰〰〰〰〰〰〰〰〰〰〰〰〰〰〰〰〰〰〰〰〰〰〰

「父さん、ちょっとこれマズイんじゃない？」

「マズイって何が？　Ｅさんのケーキはどれもおいしいぞ？」

「いや、そうじゃなくてさ。Ｅさんが330円に値下げしてごらんなさいよ、そしたら駅裏の店だって黙ってないわよ。きっと320円にする」

「そうしたら、やっぱりその駅裏の店とやらにお客を持っていかれちゃうなあ。まあそうなったらそうなったで、我々は駅裏の店で仕事をすることにすればいいんじゃないか？　ケーキもおいしいらしいじゃないか」

「いや、それはそれで面倒よ。それに私、もっとひどいことが起きる気がするの」

「と言うと？」

「だって、駅裏の店に320円にされて、Ｅさんだって黙ってないでしょう？310円にするんじゃない？」

「ほうほう、そうすると駅裏の店は300円にして、そしたらＥさんは290円にすると」

「どんどん値段が下がっていくわ。もうこれ以上値下げできませんってとこまで」

「つまり、ケーキが０円になるってことか？　タダのケーキを売るって？そんな馬鹿げた話があるかい？」

「いや、そこまでは下がらないよ。材料費の値段までは下がるけど、それよりかは下がらないんじゃないかな」

「そうか。値段が材料費を下回るなら作れば作るほど損するわけだから、そうするくらいなら、もうケーキを作らないほうがいいもんな」

「そう。で、材料費は２店で同じようなものでしょう？　結局、２店とも材料費ギリギリでケーキを売るってわけ」

「でもそうすると、売れども売れども利益は出ないなあ」

「そう。だからそのうち両方の店とも潰れちゃうんじゃないかなあ？」

「げげ、それはたしかに困るぞ。我々はいったいどこでケーキを食べたら

いい？」

ちょっとくらい高くたって

店では、Ｅさんとお客のＳ夫人が、世間話に花を咲かせていた。

「そうそう、私行ったんですよ、あそこ」

「あそこって、どこですの？」

「あそこよあそこ、えっと、パティスなんとかかんとかセーヌ」

「ああ、あの駅裏のね。よく分からないけど洒落た名前よね。『エーゲ海ケーキ』とは大違い」

Ｅさんは自嘲するが、Ｓ夫人は笑っていいものかという顔をする。

「それで、どうでしたか、お店は？」

「あ、うん、おいしかったわよ。開店からまだ数日でしょ。店はここと大体同じくらいの大きさだけど、お客さんは結構多かったわ」

Ｓ夫人の声が２人だけしかいない店内に響くと、しばしの沈黙が訪れる。Ｓ夫人は取り繕う必要性を感じた。

「でも、私は『エーゲ海ケーキ』の味が好きよ。ちょっとくらい高くたって、私はここに通い続けまーす！」

「ありがとうございます。それで、今日は何にします？」

「そうね。チーズケーキ１つと……」

やっぱり２店とも

「おいおい。Ｓ夫人はちょっとくらい高くてもここに来るってよ。そういう人がいるなら、Ｅさんも値下げしなくていいんじゃないか？」

「うーん。そうかしら。そもそも駅裏の店が340円にしたのは、値段を低くしてお客さんを取ろうと思ったからでしょ、たぶん。もしそれで十分お客さんを取れないって分かったら、さらに値下げするんじゃない？　たとえば今は10円しか値段は違わないけど、もし50円違ったらさすがに結構お客さんが流れちゃうんじゃないかな」

「つまり300円にするってことだな。そして、そうするとEさんも黙ってない。250円にすると」
「その通り。結局さっきの話と同じように、値段は材料費まで落ちて、2店とも商売上がったりよ」

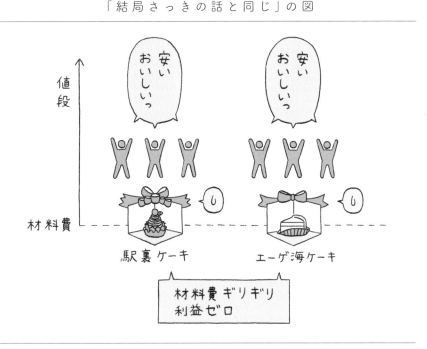

「結局さっきの話と同じ」の図

S夫人が『エーゲ海ケーキ』のドアを開け、夕方の空気に吸い込まれていく。父はそれを遠い目で見送る。

「いや、そうとも限らないんじゃないか？」

「なんでよ？」

「だってだよ、10円くらい値段が違ってもEさんのケーキを選ぶ人だっているわけだろう？　だったら、Eさんは材料費より10円高い値段をつければ、ケーキ1つ売るごとに10円儲かる。そしてその値段でも、少しは売れる。値段を材料費まで下げて利益ゼロになるよりは、こうして材料費より10円高くしておいた方がいいんじゃないか？」

「10円高くしておいた方がいい」の図

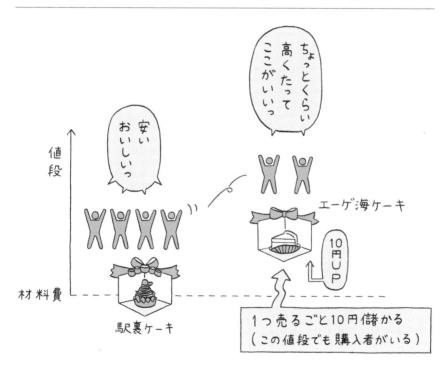

「あ、確かにそうね。だから利益ゼロにはならないと。でも材料費より50円高くしたらやっぱりほとんど人が来なくなるだろうから、ケーキ1個につき利益は高々50円ってとこね」

「そうだな。それじゃあやっぱり2店とも、潰れてしまうか」

共 倒 れ ？

〜〜〜〜〜〜〜〜〜〜〜〜〜〜〜〜〜〜〜〜〜〜〜〜〜〜〜〜〜〜〜〜〜〜

　Eさんがケーキ屋の控え室に戻ると、娘は何やらスマホをいじっている。
「あら、また彼氏？　仲良くやってるの？」
「うん、まあね」
　最近は朝から彼氏の電車にわざわざ合わせて、一緒に学校に行っているようだ。
「あれ、残すの、チーズケーキ？」
「うん、お腹いっぱい」
「あらそう。じゃあパパのためにとっておきましょうか」
　優しい子に育ったなと娘を見ながら、Eさんは、母の代から続くこの老舗を終わらせる訳にはいかないぞ、と気を引き締める。何か打開策はないものか。

「でも困っちゃうわね。このままいったら値下げ合戦よ。すぐに利益がほぼ出ないところまで値段が下がっちゃう」
「ママ、たぶん大丈夫だと思うよ」
「ありがとう」
「いや、そうじゃなくて、本当に大丈夫だと思うの」
「あら、どうして？」
「もし値下げ合戦になったらさ、どうなると思う？」
「どうなるって、ウチも向こうも、共倒れよ」

「そうね。つまり、潰れるのはウチだけじゃなくて、向こうもよ」
「御愁傷様。でもそうなるなら、なんでわざわざ新規開店したのかしら？どうせ潰れちゃうのに」

「そこよ、そこ。相手だって、新規開店するにあたって慎重に考えたはず。特に、町に老舗があるなんてことは、考えないわけにはいかない」

「そりゃそうね。この町でケーキ屋と言ったら、50年前から『エーゲ海ケーキ』って決まってるのよ」

「でしょう？　それにも関わらず新規開店したってことはさ、潰れない自信があるってことなの」

「あら、何よそれ。言ってもね、あの洒落たケーキ屋にそんな自信を持たれるほど、私の腕は落ちぶれちゃいないわよ」

「その通り！　つまり私はこう思うわけ。駅裏の洒落ケーキ屋は、そもそも値下げ合戦をするつもりはない。ずっとずっと、340円のままよ」

値下げしない、と思っている

「ウチが値下げしても？」

「さあ、値下げしないって思ってるんじゃないかしら」

「どうして？　それに、値下げ合戦しないつもりなら、どうしてウチより10円安くするのよ」

「それにも答えはあるわ。私だってパティシエの娘よ。味のことはよく分かる。ママにはまだ敵わないかもしれないけど、でもママよりは客観的に、分かる」

「何が言いたいのよ？」

「つまりね、ケーキのおいしさは、2店でほぼ同じくらい。でもやっぱりちょっと、ママのやつの方がおいしいかな。本当に。だから……」

「だから、10円くらい安くしとかないとお客さんが十分来てくれないってわけか」

「そういうこと。もちろんお客さんだって、値段ばかり気にするわけじゃない。家が近いとか、たまたま通りかかったとかで買う人もいるかもしれない。その日の気分で、食べたい味も違うかもしれない。だから値段が全

てとは言わないけど、でも値段を変えると客足が少しは変わるってのは、確かだと思うわ」

「それはそうね。実はウチも、今までずっと350円でやってきたわけじゃないの。時とともに、ほんの少しずつ、毎回20円30円くらいだけど、値上げしてきたのよ。そのたびに、一時的にでも客足が遠のくってことはあったわ」

もし値下げしたらどうなるか

「Eさんが値下げしないって駅裏の店は思ってる。これは結局、なんでかな?」

　私は残されたケーキを見ながら舌なめずりを始めている父を見る。

「うん。そのためにはな、本当に値下げしたら、どうなるか、これを考えてみるといいんじゃないかな」

「そうかな。どうせ値下げしないなら、そこはどうでも良くない?」

「いや、どうでも良くは、ないな。だってだよ、もしたとえば『エーゲ海ケーキ』が値下げして売り上げを伸ばしても相手が何もしてこないなら、値下げした方がいいということにならないか? 逆に、『エーゲ海ケーキ』が値下げしたら相手も値下げしてきて、値下げ合戦が始まるというなら、やっぱり値下げはしないほうが良さそうだ」

「確かに。もし値下げしたらどうなるか、これを考えておくのは大事そうね。そして、値下げしたら……うん、やっぱり値下げ合戦に発展しそう」

「ま、そうなるかは分からんが、心の奥底では、そうなるんじゃないかって、Eさんも駅裏の洒落ケーキ屋も、思ってるってところだろうな。で、その値下げ合戦が怖くて、高値のままでいる。だから2店とも存続する。洒落ケーキ屋は、そう踏んどるんだろう。そして、ついでに我々も生き長らえる」

「なるほどね。なんだかややこしいけど、それは、正しそうね……」

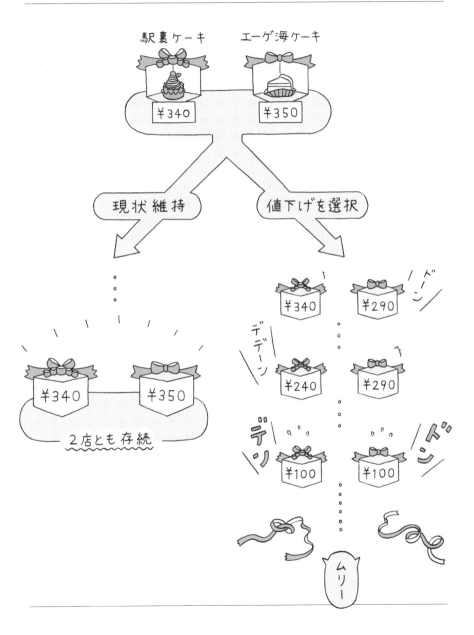

私はひとつ欠伸<rt>あくび</rt>をし、寝床に向かう。今夜の夜勤に向けて、少し昼寝をしておく必要がありそうだ。通りの喧騒<rt>けんそう</rt>で、ぐっすり眠れそうだ。

ルール違反

「まあとにかく、よ。あなたは、ウチが値下げしないとあの洒落ケーキ屋が思っている、と考えているわけね」

「そう、そしてウチがそう考えるだろうと、あの洒落ケーキ屋は思っているから、自信を持って340円にしたんじゃないかな」

「何やらまどろっこしいわね。そういうことなら、値段はこういうことにしましょうってウチにお話しにいらっしゃればいいのに」

「でもねママ、そういうのはルール違反らしいよ。『独禁法』って知らない？　独占禁止法。商売している人どうしが、値段を話し合って決めたりしたら、法律違反なのよ。さっきメールでカレシが教えてくれたの。そんなの学校で習っただろ、って言われちゃった」

「あら、そうなの。警察沙汰なんてことになったら、イメージダウンで景気が悪くなるわね。うちのケーキはいつも新鮮なのに！」

「……そうね。とにかく、そうやって話し合うのはアウトだけど、ウチと向こうで値下げしないよねって勝手に思い合っている分には構わないんだから」

「なるほどね。オッケー。では私は店番に戻りまーす」

　すっかり調子の良くなったEさんは、右手を額にかざす敬礼ポーズを取り、くるっと振り返って店に向かった。

ちょうど半分ほど

　Eさんは夏が好きだ。日が長く、窓の外を歩く人がいつまでも明るく見

える。

　駅裏の店が開店してからのこの数日、たしかに客足は減った。だが、それでも以前のちょうど半分ほどは売り上げている。

「10円安く、って、ちょうどいい値段をつけたものね」

　独り言を言いながら、帳簿と窓の外を見比べる。

　ガラスの向こうの通りでは、若いお母さんが、何やら男の子に話しかけている。6、7歳の、男の子。お母さんは鼻の前で人差し指を立て、「シーッ」のポーズをして見せる。

　窓枠からお母さんが消え、すると店のドアががらんと開いた。　それと同時に、男の子が大きな歓声をあげた。

「わー、いい匂い！」

バック・ステージ
その3

　Eケーキの物語、いかがでしたか？　この話には、ゲーム理論のいくつかの基本概念が挿入されています。まず、価格競争の末に値段が材料費まで下がる、というのは遥か昔1883年に数学者のジョセフ・ベルトラン氏が、当時既に知られていた別の企業間競争モデルに異を唱える形で提唱した理論です（*Journal des Savants* という学術雑誌の、"Book Review of *Théorie Mathématique de la Richesse Sociale* and of *Recherches sur les Principes Mathématiques de la Théorie des Richesses*"（訳：『「社会厚生の数学的理論」と「厚生の理論の数学的原則に関する研究」の書評』）という論文に、この理論が展開されています）。このような価格競争は、提唱者の名前をとって「ベルトラン競争」と呼ばれています。この名前は、大学で経済学をかじったことのある読者の方なら聞いたことがあるかもしれませんね。

　もちろん、値段が本当に材料費まで下がるということは現実的にはあまり考えられません。この現実とベルトランの理論との乖離を埋めるのがその後の研究、たとえば「10円高くてもEさんの店から買うかもしれない」場合（これを、製品差別化がある場合、と言います）に価格競争がどう影響されるかという話や、「もし自分が価格を下げたら相手も下げるかもしれないからやっぱり下げないでおく」という話です。

　特にこの後者の「後の価格競争を恐れて価格を高く保っておく」というのは、現在でも活発に研究がなされている「繰り返しゲーム」と呼ばれる理論によるものです。この理論は、1971年にジェームズ・フリードマン氏が *Review of Economic Studies* 誌に出版した "A Non-Cooperative Equilibrium for Supergames"（訳：『スーパーゲームの非協力的均衡』）という論文が始まりです（「スーパーゲーム」というのは専門用語なのですが、ここでは「長期的関係」という意味です）。

人々の社会における相互関係は一度きりではなく、何度も続きます。友人同士の協力関係でもそうですし、敵対する企業同士の関係でもそうです。こういった状況を数理的に分析するのが「繰り返しゲーム」の理論なのです。

　実はこの理論の研究では日本人研究者が多くフロンティアで活躍しています。たとえば私の論文共著者でもある神取道宏氏や菅谷拓生氏は、今でもこのテーマの最前線で鎬を削っています。

　ちなみに、論文タイトルには「非協力的均衡」とありますが、論文自体は、長期的関係において協力関係が築かれる可能性のあることを証明しています。各人がお互い自分の利益のみを追求したとしても、相手の反応を伺いながら行動すると協力関係が築ける可能性があるので、「非協力的」という名前がついているわけです。

第 3 章 の ポ イ ン ト

もし競合する企業同士で
同じ商品を売っているのなら、
価格はコストまで下がる

" 結局、2 店とも材料費ギリギリでケーキを売るってわけ "
" でもそうすると、売れども売れども利益は出ないなあ " ➡ 065 頁

製品差別化がある場合は、
価格を少し上げても利益が出る

"10円くらい値段が違ってもEさんのケーキを選ぶ人だっているわけだろう？
だったら、Eさんは材料費より10円高い値段をつければ、
ケーキ1つ売るごとに10円儲かる" ➡ 069頁

いま考えている戦略がベストかを判断するには、
他の戦略をとった場合にどうなるかにも
思いを巡らす必要がある

"もし値下げしたらどうなるか、これを考えておくのは大事そうね" ➡ 072頁

将来にわたり競争が続く企業同士は、
高値を維持できる可能性がある

"値下げ合戦が怖くて、高値のままでいる。だから2店とも存続する" ➡ 072頁

第 3.5 章

ナップ・タイム

私はいつもの路地裏にいた。汚く暗い、細い路地。私は震えながら行き止まりに背を向ける。鼓動は最高速度を記録し、身体中の毛穴から冷や汗が流れ出る。

　黄土色に光る両眼。逆立った尻尾。ギトギトと唾液の垂れる犬歯。猫の犬歯。猫なのに、犬歯。

　とにかくこの怪物猫が、私をいまにも食べようとしている。そしてその後ろには、猫。その後ろにも、猫。猫、猫。猫、猫、猫。怪物猫が、列をなしている。総勢100匹。

　なぜ自分がここにいるのか分からない。しかし、その場の取り決めは分かっている。矛盾。頭上には、長細い灰色の空。

　取り決めによると、まず、この私の真ん前にいる猫が、私を食べるか、やめるか、決める。

　やめたら、そこで話はおしまい。猫たち、解散。誰も何も、食べられない。

　でももし私が食べられてしまったら、私は若くっておいしいからして、この猫は満腹も満腹、眠りに落ちる。大いびき。

　そうすると、その後ろに並んでいた、2番目の猫の出番だ。この猫は、私を食べて眠りこけている猫を、食べるか、やめるか、決める。

　やめたら、そこで話はおしまい。猫たち、解散。私を食べた猫だけお腹いっぱいで、あとの猫たちは、誰も何も、食べられない。

　でももし食べたら、最初の猫——そうだな、猫1番と呼ぼう——を食べた猫2番は、満腹も満腹、眠りに落ちる。大いびき。

　さて、すると、今度はそのまた後ろの猫、つまり猫3番の出番だ。ここまでくると、なんだか猫が皆、胸にゼッケンをつけているような気がしてくる。その方が分かりがいい。自分の命に関わることは、明確に分かった方がいい。

猫3番は、眠りこけている猫2番を、食べるか、やめるか、決める。

やめたら、そこで話はおしまい。猫たち、解散。猫2番だけお腹いっぱいで、あとの猫たちは、誰も何も、食べられない。

でももし食べたら、猫2番を食べた猫3番は、満腹も満腹、眠りに落ちる。大いびき。

と、この調子の取り決めが延々と続く。何ともおぞましい怪物猫たちだ。もし猫100番の出番になって——ということは私を猫1番が食べ、それを猫2番が食べ、それを猫3番が食べ……とずっと続くということだが——それで猫100番が猫99番を食べたとする。そうすると、猫100番は満腹の大いびきだが、もう他に猫はいないので、このラッキーな猫100番は安眠妨害されずに、そのうちむくっと起き上がって、どこかに行ってしまう。

こんな取り決め、馬鹿げているって？

確かにね。でも私がこの路地裏で震えている限り、ここにはこの馬鹿げた取り決めがあるし、この馬鹿げた取り決めがある限り、私はこの路地裏にいることになる。

　さて、これはただひとつ私と怪物猫たちで意見が合いそうなことなのだが、誰だって、自分が食べられてしまうのは嫌だ。そんなことが起きたら最悪だ。
　一番いいのは、お腹いっぱい食べて、安眠妨害されないことだ。
　お腹が空くのはあまり嬉しくないが、もちろん自分が食べられてしまうよりはいい。

　では問題。
「私の命は、助かるでしょうか？」

　私は、ゼッケン１番をつけた怪物猫に、説得を試みる。
「猫さん猫さん、私を食べるのはあなたの自由ですがね、もし食べてごらんなさい、あなたは大眠りの大いびき、猫２番さんの餌食ですよ。それは嫌でしょう？　ですから、私を食べるのはやめにしておいた方がよろしいのでは？」
「はっはっは。何を言う、たわけネズミ。よく考えてもみろ。俺様はお前を食べるぞ。うん。食べたとするだろ？」
「いえいえ、勝手に話を進めないでください」
「うるさい、まあ聞け。俺はお前を食べるとする。でも俺は慈悲深いからな、お前が俺のご馳走になる前に、最後に一言、お前に猫２番に耳打ちするチャンスをやろう」
「はあ」

「お前は何と言う？　『猫さん猫さん、猫１番さんを食べるのはあなたの

自由ですがね、もし食べてごらんなさい、あなたは大眠りの大いびき、猫３番さんの餌食ですよ。それは嫌でしょう？　ですから、猫１番さんを食べるのはやめにしておいた方がよろしいのでは？』かな？」

「まあ、そういったところでしょうか」

「ははん。つまりだ。お前の言っていることに従うべきだとするとだ、俺様が眠りについても、猫２番は俺様を食べたりはしない。だとするとだ、俺様はお前を食べても、何も問題ないということにならないか？」

　この局面において、なかなか理屈っぽい怪物猫である。しかし私だって負けてはいられない。

「しかしですよ、もし猫２番さんがあなたを食べてしまったとしますよね、すると私は——えっとこの場合私は既にあなたに食べられているわけですが、まあそれは置いておいて——猫３番さんに耳打ちするでしょう。『猫さん猫さん、猫２番さんを食べるのはあなたの自由ですがね、もし食べてごらんなさい、あなたは大眠りの大いびき、猫４番さんの餌食ですよ。それは嫌でしょう？　ですから、猫２番さんを食べるのはやめにしておいた方がよろしいのでは？』」

「だからなんだ？」

「すると猫３番さんは猫２番さんが寝ていても、食べないということに」

「つまり？」

「ええ、つまりですよ、猫２番さんはあなたをパクッといって、やっぱり問題ないということになるでしょう」

「だから俺様はお前を食べて眠りこけるわけにはいかないと」

「さよう」

「ええい、ややこしい。そもそもなんで俺様の後にこんな行列ができているんだ。俺様だけだったらどんなに話が早いことか」

そう言って、この怪物猫、ふと閃（ひらめ）いたという顔をした。

「では、その方向で考えてみるぞ」

「と言いますと？」

「猫が100匹もいるというのは、いかにも複雑だろう？　でも、**一見複雑そうなことも、簡単なケースから考えると話が見えやすいんだ**」

　なにやら教訓めいたことを言ってくる。でも思い出せ、こいつは怪物猫だ。

「たとえばここには、俺様しか猫がいないとする」

「それはずいぶん状況が違いますね」

「うるさい。まあ聞け。とにかく、そうするとな、俺様はお前を食べて、ゆっくり昼寝をできるというわけだ」

「そりゃあそうでしょう。誰もあなたを食べようとはしないんですから」

「では次に、俺様の他に、猫２番もいるとする。でもそれだけだ」

「はい」

「その場合は……」

「私を食べないことですね。眠った途端に、猫２番さんにパクリといかれます。猫２番さんを食べる怪物猫はいませんから、猫２番さんは安心して食事ができるわけですから」

「いかにも。つまり、猫２番までいる場合は、お前を食べない方がいいと」

「では、猫３番までいたらどうだろう」

「ええっと、今度は私を食べてしまっていいでしょうね」

「そうだろう。そうだと思うが、それはなぜだ？」

「猫３番さんは、自分の番が来たら確実にパクリと行くわけです。眠ったって、誰にも食べられやしませんから。ですので猫２番さんは、自分の

「簡単なケースから考える」の図

番が来ても猫1番さん、つまりあなたを食べない方がいい。であるからして、あなたは、私を食べて寝てしまっても、猫2番さんの餌食になる心配はないのです」

「いかにも。というわけでだ、俺はお前を食べることにする」

「いえいえ、なんでですか」

「猫がたくさんいると、お前を食べた方がいいと、たった今分かっただろうに」

「いやいや、『1、2、たくさん』じゃないんですから。まだまだ続きがありますよ」

　私は、少しでも時間稼ぎをしないといけない。夢なら、覚めてくれ。

「猫4番までいる場合にどうしたらいいか、考えましょう」

「だからお前を食べると言っただろうが」

「いえいえ、まあ落ち着いて。猫4番さんは、自分の番が来たら猫3番さんを食べますよね。確実に。だから猫3番さんは自分の番が来ても猫2番さんを食べない。だから猫2番さんは安心してあなたを食べてしまう！ですので、あなたは私を食べない方がいい。そういうわけです」

「ほほん、つまり、猫4番までいる場合は、お前を食べない方がいいと」

「ええ、そういうことになります」

　私は愉快になってきた。

「つまりですね、まとめますと、あなたしか猫がいない場合、つまり猫1番さんまでの場合はあなたは私を食べるべき、猫2番さんまでの場合はあなたは私を食べないべき、猫3番さんまでの場合はあなたは私を食べるべき、そして猫4番さんまでの場合はあなたは私を食べないべき」

「ほうほう」

「つまりこのままいくと……」

怪物猫は、しばらく「食べる」「食べない」「食べる」「食べない」、ともごもご繰り返した後、気づいたようだ。
「ほほん。猫の数が奇数なら食べるべきで、偶数なら食べないべきだ。やはり俺は賢いな」
「ええ、その通り。そしていま、猫は100番さんまでいらっしゃいます」
　私の声に、怪物猫は急に真顔になる。そしてゆっくりと私に顔を向ける。
「猫100番までの場合は、俺はお前を食べないべき……」

　ゼッケン1番をつけたこの怪物は、毛を逆立てて私を睨みつけた。でもいくら睨んでも始まらない。恨めしそうに振り返り、今度は猫の行列を睨みつける。

　するとその時、猫の行列のずっと奥、細い路地の出口を、ネズミ——それはどうやら私の父のようだが——が1匹走り抜けた。
　と、それに気づいた猫100番が、そして猫100番だけが、これを追って、遠い陽の光に消えていった。

　猫1番がもう一度振り返った時、私は何が起きたのか、理解した。大きな口から野蛮な犬歯を剥き出しにして、ニタニタと笑みを浮かべながら、猫1番が近寄って来る。
　私は観念して、目をつぶる。

「ニャーオ」

バック・ステージ
その 3.5

　さて、ネズミの子が昼寝をしていると、怪物猫が出てきました。この物語の元
は、私がちょうどゲーム理論と出合った大学生の時分、当時の指導教官の１人で
あった松井彰彦氏に聞いた話です。その時聞いた話は、牧草地に羊が１匹と狼が
100匹いるというものでしたが、今回はそれを本書のためにアレンジしました。

　物語の中でネズミがたどり着いた結論は、「後ろ向き帰納法」と呼ばれるゲー
ム理論の行動予測手法によるものです。これは、意思決定をする際には今後起き
ることを今後意思決定をする人の気持ちになってまず予想して、それから自分の
意思決定に立ち返るべし、という予測手法です。

　たとえば怪物猫が２匹の場合は、まず寝ている猫１番を猫２番がどう処理する
か（＝今後起きること）を分析してから、それから猫１番の意思決定問題を考え
ます。猫が３匹のときは、まず猫３番の気持ちになって彼の意思決定を分析し、
それから猫２番の意思決定を分析し、最後に猫１番の意思決定を分析します。こ
のように時間の流れる方向（猫１番→猫２番→猫３番）とは逆向きの順番（猫３
番→猫２番→猫１番）で予測をするので、後ろ向き帰納法という名前がついてい
るのです。

　この手法を寓話化したものがネズミと猫（もしくは羊と狼）の話です。この寓
話は、後ろ向き帰納法を勉強するための頭の体操というだけではなく、その手法
が時として非現実的な予測をもたらすことを示唆しています。だって、猫の数が
100匹から99匹に変わったからといってネズミの運命が変わるなんて、妥当な
予測と言えますか？

　後ろ向き帰納法は非現実的な予測をもたらすこともありますが、多くの場合は
有用です。たとえば、猫が２匹しかいなかったら、やはり猫１番は後ろ向き帰納

法通りに考えてネズミを食べるのを我慢しそうですよね。実際、後ろ向き帰納法は経済学の分析でよく使われます。たとえば市場に参入した後にどのような競争が起こるか（＝今後起きること）を予想してからそもそも参入するかどうかを決める、とか、交渉で強気の提案をした後の相手の反応と弱気の提案をした後の反応（＝今後起きること）をそれぞれ予想してから、今どのような提案をするかを考える、とかいった具合です。

　ところで、羊と狼の話の出典を松井氏に確認したところ、不明とのこと。誰が言い出したか分からない、ゲーム理論界隈では古くから言い伝えられている話、ということのようです。

第 3.5 章 の ポ イ ン ト

複数の意思決定者が次々に
意思決定をする問題は複雑だが、
そういった問題も簡単なケースから考えていくと、
理解しやすいことがある

"猫が 100 匹もいるというのは、いかにも複雑だろう？
でも、一見複雑そうなことも、
簡単なケースから考えると話が見えやすいんだ" ➡ 084 頁

複数の意思決定者が
次々に意思決定をするときに何が起きるかは、
時間の流れる方向とは逆向きの順番で考える
「後ろ向き帰納法」で、予測できる

"猫4番さんは、自分の番が来たら猫3番さんを食べますよね。確実に。
だから猫3番さんは自分の番が来ても猫2番さんを食べない。
だから猫2番さんは安心してあなたを食べてしまう！
ですので、あなたは私を食べない方がいい。そういうわけです" ➡ 086 頁

後ろ向き帰納法は時として
非現実的な予測をもたらすことがある

"猫1番がもう一度振り返った時、私は何が起きたのか、理解した" ➡ 087 頁

第4章

物事のバランスの
決まり方

0交番の場合

夕方の交番

「ニャーオ」

　身体中が汗でぐっしょりだ。目を開けても、呼吸は荒く、鼓動は高いまま。上体を起こし、車の走る音がする方に、顔を向ける。

　O交番は、大通り沿いの歩道から階段を数段登ったところに位置している。こう少し高台にあれば、通りの様子もよく見えるということか。
　階段に寝そべっていた三毛猫が、これは気持ちよさそうに伸びをしてから、駅の方に歩いていく。

　私は息を落ち着かせる。通りに向けてガラスのスライドドアを開けた狭い部屋の中には、グレーのスチールデスクが1つと、男性巡査が1人。満

28歳、〇交番に配属になってからは、もう3年になる。精悍<ruby>せいかん</ruby>な顔立ちをぼけっとさせて、室内に貼られたポスターを見つめている。

　我々にとって交番というのは、実は格好の仕事場である。「あの節はお世話になりました」とかなんとか言って菓子折りを持ってくる善良な市民が、意外に多いのだ。

　そしてこの町の警察官は、甘いものが苦手で、ガサツである。せっかくもらったお菓子も、一かじりだけした後はデスクにほったらかし。パトロールに出かけてしまう。もちろん我々が残りをきれいに清掃するわけだが、そんなことに彼らは気づかない。

　ちなみに交番での清掃作業には、他の職場とは異なる注意点がある。パトロール中は交番のドアは開け放しておかれているので、誰でも——人間でも、動物でも——入ってこられるのだ。仕事中に猫などに入ってこられたら、かなわない。

スピード違反

～～～～～～～～～～～～～～～～～～～～～～～～

　赤の軽自動車が駅の方から交番の前につける。中年の女性が運転席から出てくると、車道と歩道を隔てるツツジの切れ目を乱暴に抜けてこちらに向かってくる。

「ちょっと、あのねえ！」

　階段の1段目に差し掛かる前から、女性は大声を上げる。引き続きぼけっと壁のポスターを見つめていた巡査は、びくっとする。

「ひどいんじゃないんですか？」

「はあ、どうしましたか、Nさん」

「どうもこうもないわよ、あなたたち、卑怯じゃないですか？」

「はあ、そう言われましても……」

「はあ、じゃないのよ。ネズミ捕りよ、ネズミ捕り。あなたたち、あんなことをやって恥ずかしくないわけ？」

　ははん、どうやらN夫人はスピード違反の取り締まり、いわゆるネズミ捕りで捕まったようだな。だからと言ってわざわざ交番に怒鳴り込みにくることもなかろうに。こういうのを逆ギレと言うんだっけ。

「いえ、Nさん。交通取り締まりは、市民の安全を守るための我々の重要な任務であります」

「んなこた分かってるのよ。私はね、なんで私みたいな善良な市民が捕まらなきゃいけないのって言ってるの。今まで私が何か悪いことでもしましたか？」

「ですから、交通ルール違反を……」

「違反たって、微々たるものよ。時速35km制限の道を、40kmで走っただけよ。たった5kmじゃない。他にもスピード違反してる車なんて、ごま

ヽ
んとあったわ。なんで私が捕まらなきゃいけないの⁉」

ネ ズ ミ 捕 り

「おうおう、Ｎさんだいぶご立腹のようだな」
　騒々しさに、父も昼寝から覚めたようだ。
「うん。でもネズミ捕りって名前、聞こえが悪いね。私たちの場合、ネズ
ミ捕りに捕まったら怒鳴り込みどころか、まあほぼ一巻の終わりよね」
「たしかにな。まだ捕らえられていない我々は、幸運である」
「私たちが幸運っていうか、捕まる方がドジなんだよ」
「いや、そうとも限らんぞ。ネズミ捕りの中には実によくできているのも
いっぱいある。いくら気をつけてたって、気づかず捕まってしまうことも
ある。父さんもそうやって、大切な仲間を多く失ってきた」

「ふーん。今まで生き延びてきた私たちは、ラッキーってこと？」
「うむ。実際、ネズミ捕りを置いている家と置いていない家があるという
だろう？　我々はたまたま、ネズミ捕りを置いていない家に当たってきた
というだけなんだ」
「でもどうして、ネズミ捕りって全部の家にないんだろう？　全部の家に
置けば、ネズミだっていなくなるだろうに」

「うん、そうだな。そしてまさにそれが、全部の家にネズミ捕りが置かれ
ていない理由だ」
「どういうこと？　『それ』って、どれ？」
「つまりな、全部の家にネズミ捕りを置いてみろ、ネズミはどうなる？」
「だから全滅だって」
「だろ？　全滅したら、ネズミ捕りは必要か？」
「要らないでしょうね」

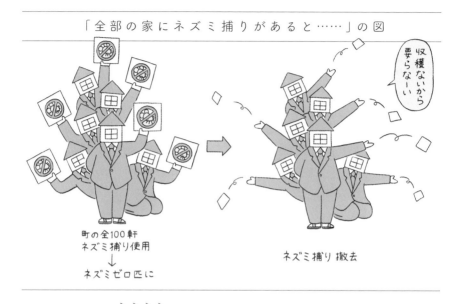

「全部の家にネズミ捕りがあると……」の図

町の全100軒
ネズミ捕り使用
↓
ネズミゼロ匹に

ネズミ捕り撤去

収穫ないから要らなーい

「というわけで、高くつくネズミ捕り、置くのはやめようかとなるだろう？ネズミ粘着シートの寿命が切れた時、買い換えるのはやめようか、となるわけだ」
「まあそうでしょうねえ」

100軒の家と、フラフラネズミ

「じゃあ、たとえばだ。この町に、100軒の家があってな、そのうち１軒が、『どうやら最近ネズミはいないみたいだな、ネズミ捕りを置くのはやめよう』となったとするだろ？　するとネズミ捕りは99軒にあって、１軒にだけない」
「ちなみに、どの家がネズミ捕りを置かなくなるの？」
「それは分からん。適当な家だ。それでな、隣町のネズミが、この町にフラフラ～っと来たとする。するとまあ、99％の確率で捕まるわけだ。で、隣町の他のネズミたちも恐れをなして、やっぱりこの町に来るのをよすこ

とになる」

「なるほどね。たまにフラフラ〜っと来るやつを、除いてね」
「その通り。それで、最初の1軒だけじゃなくて、他の家でもやっぱりネ
ズミ捕りは要らないかってことになってくるわけだ。ごくたまにフラフラ
〜っと来るネズミが引っかかるわけだけど、基本的にはネズミ捕りは収穫
なしなわけだから」
「うん。すると、結局どの家からもネズミ捕りはなくなっちゃう」

「まあ待ちなさい。じゃあ、本当にどの家からもネズミ捕りがなくなった
としよう」
「オッケー。すると隣町のフラフラネズミがやって来て……あ、そうか、
すると全然捕まらないってわけか。そしたら他のネズミも、『おいおいあ
のフラフラネズミ、大丈夫みたいだぞ、私たちも行こう！』ってことになっ
て、ネズミが大挙して来るわね」

「どの家にもネズミ捕りがないと……」の図

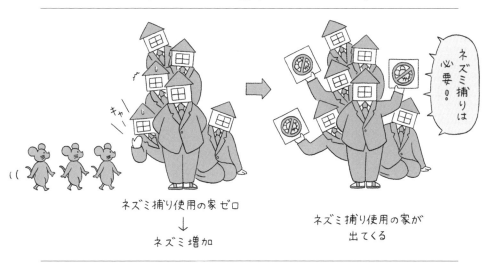

ネズミ捕り使用の家 ゼロ
↓
ネズミ増加

ネズミ捕り使用の家が
出てくる

「その通り。するとな、町の100軒の家の方でも、なんだかネズミの被害が増えてきたな、って話になったり、ちょっと気まぐれでネズミ捕りを買って来た家にしっかりネズミが引っかかったりで、これはネズミ捕りを仕掛けなきゃな、ってなる」

「うんうん。じゃあ、ネズミ捕りを設置する家も増えてくるね」

「その通り。つまりな、**100軒全部がネズミ捕りを仕掛けるって状態も長続きしなさそうだし、どの家も仕掛けないって状態も長続きしない**」

ち ょ う ど い い 数

「結局何かしらちょうどいい数の家がネズミ捕りを置くってわけね」

「その通り」

「それで、その時、ネズミたちは結局町に残るの？」

「ああ、残るとも。でも、町中ネズミだらけになったりはしない。これまた**ちょうどいい数のネズミが来る**んだ」

「うーん、そうか。結局ネズミが全然いないなら、ネズミ捕りを設置する家は減っていって結局ネズミは増えるだろうし、ネズミが多すぎるなら、設置する家の数は増えていってネズミは減るだろうし」

「その通り。そうやって、**ネズミの数とネズミ捕りの数がちょうどよくバランスした状態になる**ってわけだ」

「なるほど。その状態では、ネズミ捕りを設置している家は外そうと思わないし、設置してない家は設置しようと思わない。町にやって来たネズミは隣町に逃げようと思わないし、隣町に居残ったネズミはわざわざやって来ようと思わない」

「いかにも。そうするとだな……」

「うん、分かるよ。あのね、私たちはこの町にいるわけだけど、どこかの家にはネズミ捕りがあるって可能性があるわけ。私たちは、いつか捕まってしまう可能性もあるし、このまま捕まらないってこともある。今まで捕

まらなかったのは、ラッキーなのね」

「そうだ。そしてな、どういうネズミが捕まりやすいとか、そういうこと
はないように、ネズミ捕りはできているんだ。だってな、もし体の大きい
ネズミしか捕れないネズミ捕りを作って置いたとする。そうしたら、体の
小さいネズミは捕まらず、増え放題になるってわけだ。小さいネズミって
のはそこまで派手に仕事しないが、異常に増えたらそれはそれで人間とし
ても被害甚大だろう」

「ちなみに家の方もそうね。もし『この家には絶対ネズミ捕りがない』っ
て一見して分かる家があったら、その家には絶対ネズミが来ちゃうもんね。
まあそういう家は、『ネズミが来てもまあいいか』と思ってる家ってこと
が多いわけだけど」

相変わらずおかんむりのＮさんをなだめようとする巡査。制服の胸に縫い付けられたエンブレムが、西日を反射して金色にキラリと光る。その時、私はふと思い出した。

「あ、でも、そういえばこの町ってネズミ駆除会社と契約していなかったっけ？」
「そうだな。さっきまではあたかも各家がネズミ捕りを置くかどうかを決めているかのように話したが、ネズミ駆除会社が町全体のネズミ捕りの数と設置場所を決めているとしても、だいたい同じことだ」

「うーん、まあそうか。駆除会社はできるだけコスト削減したいわけだから、ネズミがいないならネズミ捕りの数を減らしたいよね。減らして減らして、そしたらネズミがちょっと現れるようになって、住民から文句が出て、もう限界ってところで、減らすのをやめるって感じかな」
「まあそんなところだろうな」

ランダムに取り締まり

「いえ、ですからね、そう言われましても、我々は任務を忠実にこなしているだけでして……」
「だからそのニンムとやらがおかしいって言ってるのよ！」
　Ｎさんの怒りは収まりそうにない。

「だから、なんで私が捕まって他の人が捕まらないの？」
「ですから、我々の時間も限られているのであります。１台の取り締まりにつき少なくとも５分はかかりますし、それに我々も交通取り締まり以外にも仕事がありますので……」
「じゃああなたたちは、スピード違反してる車のうちから、ランダムに取

り締まる車を選んでいる。こう言いたいの？」

「まさにその通りであります。様々な制約の中、これが最善の策と考えられているわけです。スピード違反の車を全て取り締まることも、物理的に不可能ではないかもしれませんが、でも全て取り締まることにすれば、スピード違反する車はゼロになるわけでしょう？　そうしたらわざわざ交通取り締まりに時間と労力を割く必要はありません。だからと言って初めから交通取り締まりをしないわけにもいかない。やらなかったらやらなかったで、道路が危険に晒されますからね。**うまい按配で取り締まりをやることがベスト**だと判断しているわけです。全ては取り締まりませんが、そのうち少なくともいくつかを取り締まることによって、抑止力になる、そう考えているのです」

「そのランダムな取り締まりにぶつかって捕まった私は運が悪かった、って言いたいのね」

「いえ、ええ、まあ。でもこれでこれから安全運転を心がけられるということで、運が良かったと思うこともできますよ」

　巡査は必死に笑顔を作る。

善良な市民は見逃す？

「うるさいわね！　そんなお説教はもうたくさんよ。でも、なんでランダムなのよ。私みたいに善良な市民は、見逃してくれたっていいじゃない」

「いえ、捕まえた手前、『あなたは普段いい人なので見なかったことにします』というわけにもいきませんし」

「いや、捕まえる前に判断すればいいのよ。軽自動車に乗る人に悪い人はいないわよ」

　こうなってくると巡査も呆れ顔である。

「じゃあたとえば、軽自動車に乗る人に悪い人は少ないとしますよ。そん
な話は聞いたことありませんが、そうかもしれません。私は知りませんけ
どね。でもそうだとしましょう。そうだとしてですよ、警察官が、軽自動
車だけスピード違反を見逃すことにしたとしましょう。すると、軽自動車
の運転手たちは安心してしまって、スピードのことは気にならなくなって
きます。いくらいい人が多いと言ったって、スピード違反に罰則がなけれ
ば、たまにはちょいと急ぐことも出てくるでしょうし、運転ミスも増える
でしょう。事故増加につながります。それに、ネズミ捕りは厄介だからと、
新車は軽自動車にしようという悪者も増えるかもしれません。すると善良
でない市民もネズミ捕りをくぐり抜けることになります。こうなってくる
と本当によくありません」

「じゃあじゃあ、これはどうなのよ、いつもネズミ捕りをやってる場所があると思って気をつけて走ったらやってなかったり、いつもやってない場所で突然現れたり。随分と卑怯じゃない？」

　もはやＮ夫人は、議論の目的を見失っているようだ。

「いえいえ、逆にですよ、取り締まりを絶対にしない場所があったら、皆さんそこで気を抜いて危ないでしょう？　我々は皆さまの安全のために、様々な場所にランダムに出没している、こういうわけであります」
「ぐぬぬ……」

高速で走り抜けた車

「あら、人って本当に『ぐぬぬ』なんて言うのね」
　鼻息が荒いままのＮ夫人は、また、善良な市民の証こと軽自動車に乗り込む。赤の車体が視界から消えていく。

「『ネズミ捕り』と名前が一緒なだけあって、我々の話も、道路の話も、同じようなことになっているんだな」
「うん。ネズミが車、ネズミ捕りが警察の交通取り締まり、ってわけね。そして、車の数と取り締まりの頻度が、ちょうどいい按配の数になっている状態が起きている」
「その状態では、警察はネズミ捕りの頻度を増やそうとも減らそうとも思わないし、車の方もその頻度だと『たまにはまあいいか』とスピード違反して、たまには捕まるというわけだな」

「そうね、生き残っている私たちはさしずめ、捕まってるＮさんを横目に高速で走り抜けた車ってとこね」
「そうだな。そして、特定の車種だけ見逃したりしないのは、どういうネ

ズミが捕まりやすいとかそういうことがないようになっているのと似ているし、絶対取り締まりをしない場所はないってのは、『この家には絶対ネズミ捕りがない』って一見して分かる家がないってのと似ている」

「フラフラネズミは？」
「あれは、交通ルールを遵守するつもりだったのにうっかりスピードを出してしまった運転手ってとこだな」
「なるほどね。あと、ネズミ駆除会社の話に似ているところもあったよ。交通取り締まりの頻度は、巡査個人じゃなくて交番の警察官全員で決めているかもしれないし、もしくは市や県の方針で決めているかもしれない。こういう大きな組織が、ネズミ駆除会社にあたるってわけ」
「その通り」
「うん、なるほどね。でもなんだか一気に警察が嫌になってきたわ。Nさん頑張れ！」

　すっかり目の覚めた巡査は、ひとつため息をつく。立ち上がると、『パトロール中』と丸文字で書かれたプレートを、グレーのデスクの引き出しから取り出す。
「よし、と」

猫 に ご 注 意

　無人となった室内。巡査の食べ残したお菓子の残りが、スチールデスクに置かれている。つまり、我々の仕事の時間だ。
　仕事の時間といっても、パトロール中は毎回仕事をする、というわけではない。そんなことをしようものなら、憎っくき猫が、パトロール中を狙って必ずやって来てしまう。そうならないように、たまにだけ、我々は仕事をするわけだ。猫の方も猫の方で、ふとした時にやって来る。だから十分

注意が必要だ。

　私たちは、侵入者、いや侵入猫が来そうにないか確認しながら、踊り場からデスクに跳び降りる。汗水垂らして危険をかいくぐり得る仕事の報酬。これほど格別なものはない。
　まあ、汗水垂らして努力して得る報酬というよりも、実際のところ私たちは、ただラッキーで報酬にありつけているだけなのだが。

バック・ステージ
その4

　閑話休題の第4章。O交番の若い巡査の元に、スピード違反で捕まったNさん
が苦情を言いにやって来ました。そこでネズミたちは、2つの「ネズミ捕り問題」
が実は同じような構造をしていることに気づきます。この共通する構造は、ゲー
ム理論で「混合戦略均衡」と呼ばれる概念に依拠するものです。混合戦略均衡と
いうのは少しややこしい概念なのですが、大ざっぱに言うと、こんな感じです。

「社会の中で、人々はそれぞれ異なる行動をとるかもしれない。しかしだからと
いって、人々が常に行動を変えて社会が混沌とし続けるとは限らない。異なる人
同士の行動はそれぞれ違えど、各人の行動が変わらずに落ち着く状態というのは
必ずある。そしてそれは、誰も自分の行動を変えても得をしないような状態であ
る」

　たとえば町にやって来るネズミも来ないネズミもいるわけですが、そうした異
なる行動をとるネズミの割合が落ち着く状態というのがあって、そこでは、どの
ネズミも自分の行動を変えたいとは思っていない、ということです。

　おそらく混合戦略均衡なる概念を初めて考え付いたのは（現代型コンピュータ
や原子爆弾の開発において最も重要な役割を果たしたと言われる）ジョン・フォン・
ノイマン氏という天才数学者で、このアイディアは1928年の *Mathematische
Annalen* という学術雑誌に "Zur Theorie der Gesellschaftsspiele"（訳：『ボード
ゲームの理論について』）という名の論文で登場します。フォン・ノイマン氏は、
この考え方をたとえばジャンケンやそれこそボードゲームのように、勝者の裏に
は必ず敗者がいるような限定的な社会状況（「ゼロ・サム・ゲーム」と呼ばれます）
にしか応用しませんでした。

　これが、（協力しあって皆が勝者になる可能性なども許す）より一般的な状況

の分析にも応用可能であることを発見したのが、1950年のジョン・ナッシュ氏による、*Proceedings of the National Academy of Sciences of the United States of America* に掲載された "Equilibrium Points in n-Person Games"（訳：『n 人ゲームの均衡点』）という論文です。ナッシュ氏はその半生が『ビューティフル・マインド』という映画になったくらいの有名人ですので、皆さんも名前くらいは聞いたことがあるかもしれませんね。

　それから、フラフラネズミの話が出てきました。こういうフラフラキャラがいるおかげで社会がうまいバランスにたどり着く、という状況を扱う理論は、「進化ゲーム理論」や「ゲームにおける学習の理論」と呼ばれています。進化ゲーム理論は生物学にも広く応用されていて、ちょうど「フラフラネズミ」が、生物学でいうところの「突然変異」に対応しているという具合です。

　社会における人間行動を分析する文脈では、社会の皆が普段は周りの状況に頑張って適応しようとするが、たまには試行錯誤してより良い行動パターンを見つけようとする（つまり、フラフラする）、というわりと尤もらしい状況の分析に、「進化ゲーム理論」およびそれの発展型である「ゲームにおける学習の理論」が役立ちます。そのような状況で、結局社会の人々はどのような行動パターンを採ることに落ち着くか、ということを予測するのです。諸々の条件のもとでは、社会における人間の行動パターンは混合戦略均衡で予測されるものに落ち着く、ということが知られています。

第４章のポイント

社会での人間の行動パターンは、
誰も行動を変えようとは思わない状態で、
落ち着く

" その状態では、ネズミ捕りを設置している家は外そうと思わないし、
設置してない家は設置しようと思わない。
町にやって来たネズミは隣町に逃げようと思わないし、
隣町に居残ったネズミはわざわざやって来ようと思わない " ➡ 098 頁

社会でランダムに行われていることには、
実はランダムであるべき理由があることがある

" じゃああなたたちは、スピード違反してる車のうちから、
ランダムに取り締まる車を選んでいる。こう言いたいの？ "
" まさにその通りであります。様々な制約の中、
これが最善の策と考えられているわけです " ➡ 100 頁

考えなしに、もしくは間違えて行動する人は、
社会がうまいバランスにたどり着くのを
助けている場合がある

" おいおいあのフラフラネズミ、大丈夫みたいだぞ、私たちも行こう！ " ➡ 097 頁

第 5 章

沈黙が
伝えることとは？

R家の場合

通 知 表

「いいか、帰ってきたら通知表を見せるんだぞ」

「分かってるよ、うるさいなあ」

「うるさいってことはないだろ、帰ったら必ずだぞ」

「はいはい、んじゃ」

「『んじゃ』じゃなくて、『行ってきます』だろう」

「はいはい、行ってきます行ってきます」

　玄関の方向に声が遠ざかり、慌ただしく扉の閉まる音が聞こえると、家中が急に静かになる。

「母さんも言ってやってくれよ、あいつ点数が悪かったら通知表を見せないかもしれないぞ」

「まあ大丈夫でしょう、放っておけば。それに悪かったら悪かったでいいじゃない。子供は、なるようになりますよ」

　R夫人は化粧台の前で身支度を整えながら、夫をなだめた。電車で1時間弱の私立高校に通う1人息子は、母と同じ電車に乗れば学校に間に合うのだが、それを嫌がっているようで1本早い電車に乗る。そういうわけで、息子の出発の約10分後、母が出勤することになる。

　一方R氏は、たった今、起きたところである。経営する小学生向け学習塾の始業時間は遅く、朝はゆとりがある。

　R夫人が自分の分のついでにと淹れておいてくれたコーヒーを啜りながら、パジャマ姿の教育パパは息子の成績を案じた。

　自分の熱心な指導のおかげで優等生で通ってきた息子も、高校に入ってからは父を避けるようになった。最近は学校の帰りも遅いようだ。高校2

年生の夏、大学受験も視野に入ってきた。このまま勉強がおろそかになってしまっては、将来が案じられる。

　成績が悪いなら悪いで、対処のしようがある。しかし通知表自体を見せようとしないならば、親としてもどうしようもない。今まで通知表を見せなかったことなどないのだが、最近の様子を見ているとどうも気にかかる。

「あいつ、今回もちゃんと見せてくるだろうか、通知表……」

成 績 次 第

「ったく、本当にうるせーんだよ、俺の親父は」
　１本早い電車でつり革につかまったＲ君は言った。
「でもいいじゃない、そんなに気にしてもらえて。ウチなんか、まったくよ。なーんにも言ってこないもの」
「いーなー。うらやましい」
「それもそれで、さみしいものよ」
　女子高生は、隣に立つ彼氏の顔を見る。

「で、通知表、ちゃんと見せるわけ？」
「さあどうだろうな、成績次第、かな」
「あ、ずるい」
「ずるいってことはないって。もし見せなかったらどうせ、

『ああ成績悪かったんだな』と思われるんだろうし。見せなくても見せて
るようなものじゃん」
「まあ確かに、そうかもね」

　電車はホームに滑り込み、速度を急降下させる。よろめいたカノジョは、
つり革からR君の腕に、重心を移す。

食卓に届くか、届かないか

「ったく、本当にうるさいわ、私の父さんは」
　モーニングコーヒーを啜るR氏を眼下に、私はつぶやいた。父は、家の
外を見回っている。
　父によると、一人前のネズミになるには、私にはまだジャンプ力が足り
ていないらしい。しっかり練習して、R氏の家の食卓に床からジャンプで
跳び乗れるくらいにはなれと言われているのだ。父が着いたらきっと聞か
れる。
「食卓には届くのか？」と。

　私としては、跳び乗れたとしても、父の言うことなど無視して、床から
椅子へ、椅子から食卓へと跳び移ってもいいのだが、できることなら父に
食卓まで跳べるところを見せておきたいものだ。

　といっても実のところ、私はまだ食卓まではジャンプで届かない。でも、
私は食卓まで跳べると、父には思ってほしい。父に聞かれたら、だんまり
を決め込もうかしらん。

沈 黙 は 金 な り ？

　R氏が出勤するとすぐに、我が父が帰ってきた。
「おうおう、今日はR家の人間は機嫌が悪いな。R君もR氏も、『ちぇっ』
とか『けっ』とか言いながら出てきたぞ」
「そうそう、今日は中間試験が返ってくるでしょ、通知表のことで朝から
言い合いしてたのよ」
「ああ、あの10段階評価のやつだな。でもR君は優秀なんだろう？」
「そうだけど、最近は彼女に夢中みたいよ」
「そうなのか、まあそれもそれで、いいことだ。まあ、それはともかくと
してだ、お前、食卓には跳び乗れるようになったか？」
　また始まった。私は黙秘権を行使することにした。黙ったまま、床から
椅子を伝って食卓によじ登る。

「ははーん、お前、まだできないんだな」
「そんなこと言ってないじゃない。私は何も、言っていないわよ」
「いや、言わなくても分かるさ。『沈黙は金なり』と言うだろう？　何も
言っていないってことは、何か言っているのと同じくらい雄弁なんだよ」
「あらそう？　でも、『沈黙は金なり』って、そういう意味だっけ？　何
か違うような……。でも、私の沈黙のどこが、雄弁なのよ」

『 も し 』 を 考 え る

「いいか、**相手の行動の意味**――まあ今で言うところのお前の沈黙の意味
だ――**これを知りたければ、『もし』ということを考えるんだ。**もし相手が、
違うことをしたらどうだろうって」
「うん、もし私が何も言わないんじゃなくて床から食卓にジャンプして見

せたら、そしたら父さん、私ができるようになったってすぐ分かるわね」
「そうだ。そうなんだ。それでそれは、実際にジャンプをできる場合にしかできないことなんだ」

　父は床からひょいっと食卓にジャンプして、続ける。
「そこでだ。お前はさっき、自分は何も言っていないのに父さんはなんで跳べないと決めつけるんだ、というようなことを言ったよな？」
「ええ、言いましたとも」
「つまり、お前は跳べても黙るつもりだった、だから黙ったんだ、こう言いたいわけだな？」
「まあ、そういうことね」
「うむ。じゃあそう思っているお前の頭の中で、何が起きているかを考えてみよう」

「『私の頭の中で何が起きているかを考える』って、それは私が一番よく分かってるわ」
「ほう、そうかい。しかし父さんはな、跳べる場合に少しでも黙る可能性があるというのは、問題アリだと思うんだ」
「問題アリって、何に問題アリよ」
「お前の頭の中にいる父さんの、その頭の中にいるお前にな」

<h1 style="text-align:center">頭 の 中 の 、 頭 の 中</h1>

「んんん？　何だって？　一体何を言ってるの？」
「まあ、聞きなさい。もしお前が跳べるのに黙る可能性があるとするだろ？　なんでお前はそうするんだろう？」
「そりゃ、私が黙っていても父さんは私が跳べると思ってくれるって、そう思ってるからだよ」

「ふむ。つまり父さんはお前の沈黙に直面すれば、『我が子は跳べる』と確信する。裏を返せば、もしお前が跳べないならば黙ってないで跳べないことを確実に白状するだろう、父さんはこう思っていると、お前は思っているってことだな。さもなくば、沈黙に直面したとき、『こやつ跳べないのかもしれないぞ』と、父さんは思わなきゃならんわけだから」

「なんか変ね。つまり、私の頭の中にいる父さんの、その頭の中にいる私は、『跳べないなら確実に白状する』子でなくちゃいけない。で、私が跳べないときに白状するのは、黙っててもどうせ跳べないって父さんが思うと、信じている場合だけでしょう？」

「跳べるけど黙っていよう」の図

「そうそう、つまりお前の頭の中の、父さんの頭の中の、お前の頭の中の、父さんが、『黙っててもどうせ跳べない』と思うと」

「うん……ややこしいけど、そういうこと。で、そういうことなら、私は、跳べるなら黙ってないで跳んどくわ。せっかく跳べるのに跳べないと思われたらかなわないもの。つまり私は、跳べるなら跳ぶし、跳べないならそう白状する」

「うん。お前の頭の中の父さんの頭の中のお前が、そうするわけだな」

「あれ、でもこれっておかしくない？　現に父さんは、つまり私の頭の中の父さんは、私が黙っているってのを見ているわけでしょ？　それなのに、その私は、『跳べるなら跳ぶし、跳べないならそう白状する』ってわけ。つまりさ、父さんの実際に見ていることと、その父さんの頭の中にいる私がやるはずのことが、食い違ってるわけ」

「その通り。だからな、お前の頭の中の父さんの、その頭の中のお前に、問題アリなんだ。で、そういうわけで、跳べる場合に少しでも黙る可能性があるというのは、お前がする行動とは思えん」

「なるほど。跳べるなら絶対跳ぶわけだから、黙ってるのは跳べないって言ってるようなもんって、そういうわけね」

「その通り」

「なるほど、参りました。おっしゃる通り、私にはまだ、食卓へのジャンプはできません」

穴　？

「お、納得したか？　さすが我が子、素直だな。いや実は、この話にはちょっとした穴があるんだ。論理の穴がな」

「え、そうなの？　じゃあやっぱり、私にも父さんに跳べると思ってもら

えるチャンスが残されてるって言うのね？」

「いや、そりゃ残されとらんな。さっき『参りました』って言ったばかりじゃないか。それに穴があるからといって、今まで話したことが嘘ってわけでもない。かなり的を射た議論になってたと思うぞ」

「あ、そうなの？　その穴とやらにも興味あるけど、私の頭はもう随分こんがらがってるわ。だいたい合ってて、しかもどうせ私に挽回のチャンスがないのなら、これでよしとしてよ」

「うむ、そうしよう」

　父にはどんな穴が見えているのだろうか。私も父のように一人前になれるように経験を積めば、分かるだろうか。

　私は目をつぶって想像した。

　暗闇。

　そこにぽっかり開いた小さな穴から、一筋の光が差し込む。

　穴からR君が入ってくる。手には通知表。書かれているはずの評点は、暗すぎて見えない。

　暗闇の中には食卓が何段にも積み重なっている。R君が、それを一段一段、ジャンプしていく。

　いちばん上の食卓で、R君が通知表を開く。と同時に、穴が大きくなり、白い光が私の目を眩ませる。

　目を開けると、私は真っ白い光の中、食卓の山にいた。

　足元には、「9」という数字が大きく書いてある。

　1段上の食卓から、R君が呼ぶ。

「こっちにおいでよ。こっちは10だよ」

　私は見上げて、口を尖らせる。

「跳べるけど、やめとくよ」

「跳べるんなら、跳んでみなよ。跳べないんなら、いいけどさ」

　跳べるか、跳べないか。
　10か、9か。

評 点 が 10 か ど う か

「それで、今夜の皆の帰宅時間は何時頃だったかな？」
「いつも通りなら、お母さんがいちばん早くて7時。R君は8時くらいか
な。最近は何だかいつも遅いみたい。それからお父さんは塾が終わってか
らだから、9時半くらいかな」
「じゃあR君からの成績報告はその後ってわけか。ま、報告すれば、の話
だが」
「あら、父さんはR君が何も言わないと思うの？」
「ああそう思うね」
「なんでさ」
「きっとそうだ」

「『きっとそうだ』なんて、それじゃ説明になってないよ。私は、成績をちゃ
んと報告すると思うわ」
「ほう、どうしてそう思うんだい？」

　私は仕事の手を休め、父に向き直る。
「いい？　これはジャンプの問題と同じなのよ」
「と言うと？」
「まず、R君が評点10なのに通知表を見せない可能性があるとするで
しょ？　すると彼の頭の中にいるお父さんは、R君が通知表を見せない場
合にも『R君は評点10だったんだな』と確信するってことになる」

「そんなことあるわけないだろう？　隠し事をするってことは何か後ろめたいことがあるってことだ。それなのに評点10ってことはないだろう。10が一番いい成績なんだから」

「いや、だから、これは『R君が評点10なのに通知表を見せない可能性がある』としたときの話。今にそんなことないってことが分かるから……。そう、それでね、そうすると、このR君の頭の中のお父さんは、R君が通知表を見せなければ、『評点10だ』と確信する。裏を返せば、もし評点が10より下なら、確実に通知表を見せるだろうと思っているってこと」

「うむ。ということは、R君の頭の中にいるR氏のその頭の中にいるR君は、『9以下なら確実に見せる』ということをしようとしていると」
「そういうわけ。で、R君が評点9以下のときに通知表を見せるのは、隠してもどうせ9以下だとR氏に思われると信じている場合だけでしょう？そういうことなら、R君は本当に評点が10なら、ちゃんと通知表を見せるはず。つまり、R君の頭の中にいるR氏のその頭の中にいるR君は、評

点が 10 でも 9 以下でも、どっちにしろ通知表を見せるってこと」
「なるほど」
「でもこれは、Ｒ君が通知表を見せていない、って状況に矛盾するってわけ」

「ははーん。確かにジャンプの話に似てるな。似てるというか、そっくりそのままだな。でも、その後はどうなるんだい？　評点 10 だったら通知表を見せて、10 より下だったら見せない、ってわけかい？」

まだ話の続きがある

「ううん、まだ続きがあるのよ。今のところ、評点 10 の場合Ｒ君は必ず通知表を見せるってことが分かったでしょ？　だから、黙秘の場合の最高評点であり得るのは、今のところ 9 ってわけよ」
「そりゃそうだ。だから何だ？」
「そこでね、さっきと同じように考えるの。つまり、Ｒ君が評点 9 のときに通知表を見せない可能性があるとするでしょ？」
「なるほど。そうすると、彼の頭の中にいるＲ氏は、Ｒ君が通知表を見せない場合にも『Ｒ君は評点 9 だったんだな』と確信するってことになる。評点 10 だったら見せるってことはもう分かってるわけだしな。で、裏を返せば、もし評点が 9 より下なら、確実に通知表を見せるだろうとＲ氏は思っているってことになる」

「うん。ということは、Ｒ君の頭の中にいるＲ氏の頭の中にいるＲ君は、『8 以下なら確実に見せる』ということをしようとしていると」
「うむ。で、Ｒ君が評点 8 以下のときに通知表を見せるのは、隠してもどうせ 8 以下だとＲ氏に思われると信じてる場合だけ。そういうことなら、Ｒ君は本当に評点が 9 なら、ちゃんと通知表を見せるはず。つまり、Ｒ君

の頭の中にいるＲ氏のその頭の中にいるＲ君は、評点が９でも８以下でも、どっちにしろ通知表を見せるってこと」
「でもこれは、Ｒ君が通知表を見せていない、って状況に矛盾する」

「なるほど。だから評点９でも、しっかり通知表を見せるってわけか」
「その通り。こうなってくると黙秘するのは評点８以下の場合しかありえない。そしたらさっきと同じ話ができて、評点８の場合も通知表を見せるってことになるわけよ」
「そうか。そうすると……」
「うん。どんどん行って、評点７でも、６でも、ずーっと、２でも、ちゃんと見せると思うわ」

全体としては、納得いかない

「評点が、最低の１だったら？」
「そしたら見せても見せなくても変わらないわね。見せたら１だってバレるし、見せなくても１だと思われる。ちょうど黙ってたらジャンプできないってバレた私のように」
「まあでもつまり、結局、ほぼどんな成績でも、Ｒ氏は通知表を見れるってわけだな？　うん。よく分かった」

　父はしばらく黙って、それから続けた。
「いや、やっぱりよく分からんな。頭がずいぶん混乱しとる。**１つ１つの議論は分かった気もするけど、全体としては、あまり納得いかない**。評点２でも通知表を見せる？　あり得るのか、そんなこと？」
「まあ、私の考えによると、あり得るというか、それが必然ね」

無 言

　その夜9時。授業後の事務作業を早々に切り上げ早く帰ってきたR氏は、テレビの前で今日何杯目か知れぬコーヒーを啜っていた。

「遅いな、あいつは。何してるんだ」
「まあいいじゃないの、高校生も忙しいんですよ」
「忙しいことあるか、通知表はどうなった、通知表は」

　その時玄関口で、ドアの開く音がした。噂をすれば、何とやら。家にまた活気が戻る。
　R君は走るように居間を通り抜け、階段へ向かう。自室は2階だ。

「おい、遅いぞ、いったいどこをほっつき歩いてたんだ。通知表を見せなさい」
「どこだっていいだろう？　んじゃ」
「『んじゃ』じゃない、それで成績はどうだったんだ？」
　R君は無言で立ち去る。父親の怒声が階下で聞こえるが、気にしない。

「いったいあいつはどうなってるんだ！」
「まあいいじゃない、放っておきましょう。『沈黙は金なり』というでしょう？　今は何も言わないでおいて、あの子がこちらに心を開くのを待つのが賢明よ」

通知表を見せる時

「あら、ということは、R君は評点1ね」

　私は居間を見下ろす踊り場から、2階のR君の寝室に移動した。天井ま
で届く木製の本棚の裏から、スマートフォンに何か打ちこむR君が見える。
カノジョとメッセージを送り合っているようだ。

　"今日もお疲れさま、2人とも遅くまで頑張ったね"
　"うん、図書館での勉強、やる気でるね。一緒の大学に行けるように、
これからも頑張ろう！"
　"通知表はお父さんに見せた？"
　"見せてない"
　"でも、成績次第って、言ってたじゃん"

　無造作に床に投げ出された学生鞄からは、通知表がはみ出している。そ
こには、「10」という数字。

　"うん、そのうち成績がやばくなったら、その時は親父に通知表見せて、
勉強のヘルプを頼むことにするわ"

バック・ステージ
その5

　今回の物語は、少々ややこしかったかもしれませんね。R君がお父さんに通知表を見せるかどうか。こうした状況については様々な論文が書かれているのですが、サンフォード・グロスマン氏とオリバー・ハート氏による、*Journal of Finance* に掲載された "Disclosure Laws and Takeover Bids"（訳：『開示法と公開買い付け』）という1980年の論文を挙げておけば大丈夫でしょう。

　これは、金融商品取引法は株式の公開買い付けに関わる企業にどの程度情報開示を求めるべきか、そしてそもそも情報開示を求めない場合には企業はどれくらい（自主的に）情報を開示するのか、を数理分析した論文です。分析によると、評点のように開示される情報に優劣がつけられる場合は（たとえば10の方が9より良い）、情報開示を強制しなくとも、ネズミたちがたどり着いたような「どんな情報でも開示する」という一見直観に反する結果が得られています。怪物猫の話のときように、この結果を実際問題妥当な予測と言えるかどうかは、少し疑問が残るかもしれませんね。

　ここで注意しておきたいのは、情報を開示する側（企業や、R君）が、嘘の情報を開示することはできないということです（R君はさすがに、通知表を書き換えてお父さんに見せたりはしませんよね）。もし嘘をついても問題ないとしたらどの程度情報が伝わるのか、これはまた別問題です。

　このような「嘘をついてもいい場合」については、1982年にヴィンセント・クローフォード氏とジョエル・ソベル氏が端緒となる論文 "Strategic Information Transmission"（訳：『戦略的情報伝達』）を *Econometrica* という学術雑誌に発表しました。そしてその論文をきっかけに現在でも活発に研究がなされており、私自身も関心を持って研究に取り組んでいます。この嘘をついてもいい場合は、「嘘をついてもコストがかからない」というわけで、専門用語で「チープ・トーク」

と呼ばれます。

　ちなみに手前味噌ですが、私の書いた論文 "Hierarchical Cheap Talk"（訳：『階層的チープ・トーク』）（アッティラ・アンブラス氏、エドゥアルド・アゼベド氏と共著、*Theoretical Economics* 誌に掲載）は、伝言ゲームのようにある人が次の人に話し、話を聞いた人がその次の人に話し……という状況を分析しました。伝言ゲームのように情報の発信者と最終的な受け手の間に人が介すると、情報は伝わりにくくなると思われがちですが、不思議なことに、実はより多くの情報が伝わる可能性もある、ということがこの論文で分かりました。でももしかしたらこの結論も、「妥当な予測と言えるかどうかは、少し疑問」かもしれませんね。

第 5 章のポイント

沈黙することも、
発話者の意図を何かしら伝えることがある
" 何も言っていないってことは、
何か言っているのと同じくらい雄弁なんだよ " ➡ 113 頁

それは、聞き手が「もし相手が沈黙を破ったなら」
と考えることができるからである

"相手の行動の意味
——まあ今で言うところのお前の沈黙の意味だ——
これを知りたければ、『もし』ということを考えるんだ" ➡ 113 頁

開示される情報に優劣がつけられる場合は、
発話者はどんな情報も開示する

"うん。どんどん行って、評点 7 でも、6 でも、
ずーっと、2 でも、ちゃんと見せると思うわ" ➡ 122 頁

論理的に正しくても、論理の糸が長すぎると、
人の行動は必ずしもそれを緻密にたどる
とは限らない

"1 つ 1 つの議論は分かった気もするけど、
全体としては、あまり納得いかない" ➡ 122 頁

第 6 章

相手の行動を見て、考える

Y家の場合

待 て ど 暮 ら せ ど

「まったく、父さんは本当に何考えてるんだろう。バカ！」

　あろうことか、私たちははぐれてしまった。父は屋根裏のまだ行っていなかったところを偵察してくると言い残し、出て行った。私はその間に、キッチンでひとしきり夜の仕事のための必要事項を確認して踊り場に戻った。

　しかし、父はいない。そして、一向に帰ってこない。

　我々がこのY家に通うようになったのは最近のことだ。住人の素性の詳しいところはまだよく分かっていないし、家の構造もしっかりとは理解していない。

　しかし、だからといってはぐれるかというと、そうではない。私たちは、仕事をするどの家でも、はぐれた場合の集合場所を決めている。ここY家の場合は、この踊り場の、居間を見渡す覗き穴のところで落ち合うことにしている。分かりやすい場所だし、来るのに迷うということはない。

　父は、待てど暮らせど、帰ってこない。外では雨が降りしきり、湿度に混じった雑多な匂いが、私のせっかくの鋭い嗅覚を邪魔する。父の匂いは私のところに届かない。

気 ま ぐ れ

　居間では、Y夫人がノートパソコンをひろげている。緑の裏庭を見渡すガラスドアを、雨が叩いている。

「よしっと。売り上げ上々。ふうっ」

　快活なため息をつき、笑みをこぼすＹ夫人。時に、ブクブクと電気ポットのお湯が沸く音がキッチンから聞こえてくる。

　午後のコーヒーの時間だ。

　パソコンに開かれた画面を見ると、

『Pâtisserie La Seine 売り上げ予測』

と書かれた表計算ソフトのファイルが開かれている。おそらくＹ夫人の経営する店の、売り上げ予測だろう。表には、モンブラン、チーズケーキ、ショートケーキ……と様々なケーキの名前が縦に並び、その横に、どれも値段が340円と書いてある。各ケーキ名の横を見ていくと、今後１週間ごとの売り上げ個数予測が書かれている。この「予測」によると、これから少なくとも数ヶ月は、この値段のままでいくつもりらしい。

　コーヒーを淹れたＹ夫人は、マグカップを持って居間に戻る。ガラス製のコーヒーテーブルにはパソコンと携帯電話が置かれており、その脇に、

カップを置く。時を同じくして、携帯電話が鳴る。

「もしもし、こんにちは……あ、Hさん……え、今日ですか？　今日は定休日なので出ていないんですけど……明日以降にできませんか？　……はい、はい。うーん、分かりました。午後の3時ということで。では後ほどよろしくお願いします」
　電話を置き、今度は憂いのため息をつく。
「まったく、気まぐれなんだから」

「どうしたの、ママ？」
　急に隣で声がし、Y夫人は飛び上がる。
「きゃっ。何よ、びっくりさせないでよ。帰ってきたの？　『ただいま』くらい言いなさいよ」
「いや、言ったけどさ、ママが気づかなかったんだよ」
　雨に濡れたランドセルを背負ったままの男の子は、口を尖らせる。身長からして、まだ1年生か2年生といったところだろう。

「それで、どうしたの？」
「ああ、ママのケーキ屋さんの場所を貸してくれてる大家さんがいるでしょ？」
「うん、あの丘の上の大きい家に住んでる人でしょ？　僕あの人優しくて好きだな」
「そう、その人。その人が、今日急に、ママにお店に来れないかって言うの。地下のスペースに点検したいところがあるみたいなんだけど、お店のものもあるだろうし立ち会ってくれないかって。しかも今日じゃなきゃダメって。こっちもいろいろ予定があるのに、気まぐれでモノを決めるの、やめてほしいわよ」
「ふーん」

何 か 理 由 が あ っ た

「ところであなた、目が腫れてるわね。帰りがけに友達とケンカして泣いたんでしょ？」

「あ、ばれたか……でも友達とケンカしたんじゃないよ。先生に怒られて泣いたの」

「あら。どうしたの？」

「いや、先生は気分屋だからさ。今日は機嫌が悪かったみたい」

「あら、『気分屋』だなんて難しい言葉を知ってるわね。でも、先生は気分だけで子供が泣くまで叱ったりはしないと思うわよ。あなたが怒られなきゃいけない理由が何かあったんじゃない？　先生にもきっと、何か理由があったのよ。何があったか、ママにちゃんと説明して」

　踊り場の私は、まだ父を待っている。いったい彼は何を考えているのだろうか。はぐれたら踊り場のこの場所に来るようにと、約束したではないか。こんな重要なことを、忘れたのだろうか？

そ ん な 簡 単 な こ と

　Y君が話し、それをY夫人がなだめる様子が見える。

　世の中には不届き者の教師もいるが、だいたいの者は崇高な理想を持って教育活動に勤しんでいる。そんな中で、時には可愛い子供たちにも厳しく接しなければならないこともあるだろう。Y夫人の言う通り、Y君には「怒られなきゃいけない理由」がきっとあったのだろう。

　しかし、我が子が泣き言を言うとすぐに「先生が悪い」と決めつけて、学校にまで苦情を言いにくる親もいるという。それでは教師の方も、たまっ

たものではない。

「親も親だ。子供と先生の間に何かあったら、まずその理由を考える。そんな簡単なことが、なんでできないかな」

　これは、父が言っていたことだ。我々がY家に来るようになる前に通っていた家の主人が中学の先生で、そこでの会話を聞いていた時に、父がつぶやいたのだ。

　ちなみに多くの教師が崇高な理想を持っていることや、すぐ苦情を言いにくる親がいることを私が知っているのも、この先生の家での鼠瞰（ちゅうかん）のおかげだ。

人 が 何 か す る の に は 、 理 由 が あ る

　Y君の学校の話は、だいたい終わったようだ。どうやら、学校帰りに校門近くの車道でボール遊びをしていたら怒られたとのことのようだ。

　Y夫人によると、近隣の住民から「ボールが庭に飛び込んでくる」との苦情が来るので帰り道でのボール遊びは控えるようにと、最近学校から家庭宛に手紙が来たところらしい。おそらく先生もそのことをY君に説明したのだろうが、どうやらY君は、怒る先生の剣幕に圧倒されて、ろくに話を聞かずに泣き始めてしまったようだ。

「……うん、分かった。明日、先生にちゃんと謝ってくる」
「うん、そうね。えらい！　これからは、ちゃんと先生の話を聞くようにね。先生だって気分で怒ってるんじゃないのよ。ちゃんと理由があって怒るんだから。だから、ただ『先生が怖くなっちゃった』って思うんじゃなくて、『なんで先生は怒ってるのかな』って考えるようにしてね。**人が何かするのには、理由がある**。これ、覚えておくといいわよ」
「はーい」

「よしよし」
　Ｙ夫人は、開けっ放しにしていたパソコンを閉じ、コーヒーを啜る。

「で、ところでママ、何の電話してたんだっけ？」
「だから、お店の大家さんよ」
「ああ、そうだった。それで、なんで大家さんは、今日がいいの？」

「そんなの知らないわよ。あの人、気まぐれだから。ちょっと今日思い立って、今日じゃなきゃダメだ！って思ったんじゃない？」
「そうかなあ。大家さんにもきっと、何か理由があるんじゃないかな」
「そんなものあるわけ……」
　と言いかけて、Ｙ夫人は止まった。

「ほら、僕も、先生は気分屋だから僕のこと怒ったと思ったけど、ちゃんと理由があったでしょ？　『人が何かするのには、理由がある』って、さっきママが教えてくれたじゃん。大家さんも、気まぐれなんじゃなくて、何か理由があって今日がいいって言ってるのかもよ？」
　Ｙ夫人は目を細める。なかなか覚えのはやい息子だ。

　いまだに踊り場にいる私は、Ｙ親子の推論に納得しつつも、大家さんには果たしてどんな理由があるのだろうと、思いを巡らせる。
　定休日にしか渡せないものがあるとか？
　それとも、大家さんは明日から入院することに急に決まって、だから今日中でないと用事を済ませられないとか？
　はたまた、この雨が何か、関係あるのだろうか。
　まあいいか。それより父は、まだだろうか。

つと動き出す

　私はしばし暗い踊り場で考える。雨音が、壁の向こうから聞こえてくる。
「『人が何かするのには、理由がある』、か」
　しばらく雨の音を聞いてから、私はつと動き出した。父を探しに。

　踊り場をまず1周。隅々に目を凝ら
しても、やはりここには父はいない。
　2階に上がり、寝室、トイレ、子供
部屋をチェック。いない。
　子供部屋から屋根裏によじ登る。こ
こにも、いない。
　1階の洗面所に降り、玄関を確認し、
客間、居間を確認する。いない。
　ダイニングルームに移り、キッチン
まで移動。そこから踊り場へ。そこに、
父はいた。
　ここにも踊り場のスペースがあると
は知らなかった。私のいた踊り場とは
壁で区切られているようだ。そこで、父はネズミ捕りの粘着テープに尻尾
を捕えられ、動けなくなっていた。
　私の姿を確認した父は、ニカッと笑った。

よく考えなきゃいけないのは私の方

「よく来たな」
「うん」

私は上気した顔で、答える。

「ずっと踊り場の待ち合わせ場所で待ってたんだけど、なかなか来ないから、もう腹立ってたんだよね。『父さん、何考えてるの』って。でもよく考えなきゃいけないのは私の方だった。来ないってことは、何か理由があるんだよね。来れない何かが。もしかしたら父さん、危険な目に遭っているのかもしれない、そう思ったの」

「うむ」

「そしてそう思った時、いてもたってもいられなかった。いろいろ探して、やっと父さんを見つけたってわけ。時間かかって、ごめん」

「そうかそうか、ありがとう。まあそれより、この粘着テープを何とかしてくれないか。Ｙさんたちに、見つかる前に」

自 分 の こ と を 傍 か ら 見 て み る

　私は父の尻尾を持ち上げながら、自分も粘着テープに巻き込まれないように、父と一緒に引っ張った。

　湿気も手伝ってか、テープはなかなか手強い。くっついたのが尻尾だけだったのは、幸いだ。なんとか外せるかもしれない。

「それにしてもＹさんも、あんな小さい息子に教えられるとはな」

「あれ、父さんにも聞こえてたの、Ｙさんたちの会話。そうね。まあ、もともとＹ君に教えたのは、Ｙさんなわけだけどね」

　父がネズミ捕りにかかったところにはちょうど格好の穴があり、父はここから居間の様子を見聞きしていたらしい。今見ると、ちょうどＹ夫人が空になったマグカップを流しに戻しにキッチンに入ってきた。

「でも私もさ、あの親子に教わったみたいなものよ。『人が何かするのには、理由がある』ってＹさんが言っていたでしょ。それをちょっと応用し

たの。まず、人が何かするのに理由があるなら、人が何かしないのにも、理由があるんじゃないかって思ったの。

　そして、あとは『人』を『ネズミ』に変えるだけ。つまり、『**ネズミが何かしないのには、理由がある**』。それで、父さんが来るべきところに来ないのにも、れっきとした理由があるんだろう、と思ったわけ」

　父は、目を細める。父の尻尾を引っ張りながら、私は続ける。

　「私たち、今までいろいろな家で人間模様を観察してきたけど、たまには観察するだけじゃなくて、自分が人間関係、というか動物関係の当事者になることもあった。今回もそう。Ｙ親子の会話を聞いていて、そして私の状況をよく考えて、それで、思ったの」

　父と、尻尾を力一杯引っ張る。粘着テープは、なかなか強い。

　「先生や大家さんが何か予想外のことを言ったからって、『あの人は気まぐれだから』という考えで済ますのは短絡的すぎるよね」
　「おう。でもなんでだか、子供がそういう考えをしていると、『そんなのは短絡的だ』って、分かりやすいよな。先生が怒るのには、そりゃあ理由がある。Ｙさんだって、自信を持って息子をそう諭せる。でも、**短絡的な**

-138-

考え方をするのは、何も子供だけじゃない。**大人になってみても、やっぱりそんな考えをしてしまうことって多いんだ。**そして特に、それが自分のこととなると、自分がそんな短絡的な考え方をしてしまっていることに、なかなか気づけない」

「傍^{はた}から見ると気づくけど、自分のこととなると、気づけない」

「そう、その通り。だから、**自分のことであっても傍から見てみる**ってのが、大事なことなんだ」

「うん。そうだよね。私もそう思って、私自身のことを傍から見てみようと思ったの。それで気づいた。父さんが来ないからってすぐに父さんに腹を立てるのはおかしい。そしてそれに気づいたら、私のすべきことは、すぐに分かった」

「自分のことを傍から見る」の図

世の中、簡単でも複雑でもない

　私は腕に力を入れ続ける。こういった込み入った説明をするのに絶好の状況ではないが、私は夢中で続ける。

「私、こう思うの。**世の中簡単じゃないけど、でもそんなに複雑でもない。**相手の全ての行動の理由を『ああ、あの人はバカだから、気分屋だから、ああしたんです』って説明するのは簡単だけど、世の中そこまで単純じゃないよね。

　人もネズミも、理由があって行動する。でも、その理由なんてものはいつも、たいして複雑なことではないんじゃないかな。Ｙ君が先生の言うことをよく聞けばきっと分かったように、相手の話によく耳を傾ければ、理由なんて大概、簡単なことなんだと思う。

　でも相手が予想外のことをすると、混乱して、その簡単な理由を、いとも簡単に見逃してしまう。見逃した結果、結局『あの人はバカだから』みたいな簡単すぎる説明に落ち着いて、満足しちゃう」

　もうひと引っ張り。べりっという音とともに、テープが外れた。父は尻尾を痛そうにさすりながら、汗だくの、満面の笑みを私に向けた。

「お前、ネズミのくせに随分語るな」
「なにさ、父さんだって、ネズミじゃん」

バック・ステージ
その6

　さてこれで、この本の最終章も終わりました。この章の物語は、ネズミの娘が父を「バカ」だと言い、Ｙ夫人が大家さんを「気まぐれ」だと言い、Ｙ君が先生を「気分屋」だと言う、という話でした。そしてそのそれぞれが、そういった自分の考えを改めるに至ります。

　この話のカギになる「人が何かするのには、理由がある」という考え方をゲーム理論で表現したものは、実は、「均衡」と名のつく諸概念を定義する際に適用されるものです。この均衡という概念については、『バック・ステージ　その４』で紹介したジョン・フォン・ノイマン氏やジョン・ナッシュ氏がその基本形を唱えて以降様々なバリエーションが提案されてきましたが、そのほぼどれにおいても、この「人が何かするのには、理由がある」という考え方は重要になります。

　何かあったら、もしくはあると思っていた何かがなかったら、短絡的に人の不合理のせいにするのではなく、その理由を考える。これはゲーム理論で最も重要な考え方と言っても過言ではないでしょう。

　「人が何かするのには、理由がある」なんて当たり前で、「考え方」と呼ぶほどのものでもない、と思われる方もいるかもしれません。しかし実際には、Ｙ夫人のように、我々はついこの当たり前のことを見逃してしまいます。

　「人が何かするのには、理由がある」の重要な論点として、もう１つ話をさせてください。それは、このように考えると社会の見方が変わる、ということです。特に、**人の行動を変えたいと思っているとき**には、この考え方は有効です。２つ例を出しましょう。

　たとえば、あなたの周りにサボっている人がいるとしましょう。それはあなた

の部活の仲間かもしれないし、あなたの会社の部下かもしれません。このとき、「ああ、あの子はサボる子だから」と片付けてしまっては、そこで議論終了です。「サボるな！」と叱責するのが関の山でしょう。翻って、「なんでサボるんだろう」と考えれば、「『大会でベスト8』などの具体的な達成目標がないのが問題」とか、「練習を指導する先輩が高圧的なのが問題」とか、「仕事を頑張ると給与にどう結びつくかがクリアになっていないのが問題」とか、問題点・改善点が見えてくるかもしれません。

　では、次の例。私がこの原稿を書いている2020年春現在、世界中で新型コロナウィルスが大きな話題になっています。私の住んでいるカリフォルニアでも、「Shelter in place order」といって、仕事に行かず家に居続けなければならない、という命令が行政から出ています（ですので、本書の第1章〜第5章は勤務先の大学のオフィスで書きましたが、第6章は自宅で書いています）。

　さて、日本でもアメリカでも、この新型コロナウィルス騒ぎを受けての「買い占め行動」が話題になりました。ここで、「買い占めをする人はバカだ」と決めつけるのは結構ですが、それではそこで議論終了、どう対応していいか分かりません。それよりも、なぜ買い占めをしなくてはいけない状況なのか、どのように制度を変えたら買い占めを防げるのか、という方向で考える方が、ずっと筋が良さそうです。

「人が何かするのには、理由がある」。これは、我々人間の社会生活において非常に重要な考え方なのではないか、と私は思います。そしてそんな「人間の社会生活」を分析するのが、ゲーム理論なんですよ。

第6章のポイント

人の行動の裏側には、何か理由がある

" ただ『先生が怖くなっちゃった』って思うんじゃなくて、
『なんで先生は怒ってるのかな』って考えるようにしてね " ➡ 134 頁

自分の考え方を客観的に見てみると、
分かることがあるかもしれない

" 自分のことであっても傍から見てみるってのが、
大事なことなんだ " ➡ 139 頁

社会の人々の行動は、
全てを不合理のせいにできるほど簡単ではないが、
相手の話によく耳を傾ければ、
理由なんて大概、簡単なことである

" 人もネズミも、理由があって行動する。
でも、その理由なんてものはいつも、
たいして複雑なことではないんじゃないかな " ➡ 140 頁

エピローグ

私はネズミである。もちろん父もネズミである。「父と娘の大活躍物語」、いかがだっただろうか。

　私たちは、ビジネスパートナーとして、毎日仕事に精を出す。我々の仕事にとって最も重要なことのひとつが、いつ仕事場を変えるか、だ。

　我々ネズミにとって仕事場を変える最適なタイミングはいつか。

　Tさんの家では、もう長いこと仕事をし続けてきた。彼らは最近我々に気づき、いろいろとちょっかいを出してくる。これは、新しい家を探す時が来たということだろう。新しい家の構造を把握し、最適な侵入経路を発見するのは面倒だが、仕方がない。憎っくきネズミ捕りがあるかの確認も、せねばならぬ。我々の流儀に則るならば、ターゲットとなる家を、変えなければならないということだからだ。

　何度もT家を訪れるうちに、我々もこの家の事情にいくらか詳しくなってきた。66歳の父と34歳の娘の2人暮らし。父は市立図書館でパートをし、娘は近隣の高校で教員をしている。

　しかしこれらの情報が、もはや役立つことはないだろう。水曜日の午後には、Y夫妻の家から我々は他の場所に向かわなければならない。とりあえず我々は、斜向かいの市立図書館の駐車場に歩を進める。T氏は毎週水曜日、ここでパートの仕事を5時に終え、愛車に乗って自宅を目指す。

　今日は、我々はT氏の白色セダンを見送り、隣にあった赤の軽自動車に乗り込む。こういった選択は、時として運任せである。といっても、軽自動車に乗る人に悪い人はいないと聞いたこともあるので、大惨事には至らないだろう。

　この車は、どこへ行くのだろうか。それは分からないが、どこへ行った

としても、我々は踊り場を見つけるだろう。そしてそこで、家の中での数々のドラマを目撃するのだ。住人の誰の側でもない、客観的な立場から。

　我々は、そうやって繰り広げられるドラマを注意深く観察し、そしてその続きを予測する。そうしていると、時に住人の誰も気づかなかったことに気づけることがある。もちろん逆に、当事者の住人にしか考えつかない発想に、教えられることもある。そしてまた、自分を鼠瞰（ちゅうかん）することも忘れない。自分を傍から見てみるというわけだ。

　これは最近気づいたことだが、どうやら住人自身も自分を傍から見ようとすることがあるようだ。それはうまくいくこともあるし、いかないこともある。でも一人一人がそうやって精一杯考えた、その考えの集まりが、時には複雑に、時には単純に、絡み合う。世の中にある様々な意思決定が、そうやって生まれていく。それで予想通りの結果が生まれることもあるし、思いがけないことが起きることもある。

　だから、鼠瞰は面白い。やめられない。

　赤の軽自動車は、Ｏ川の堤防に沿って制限速度ギリギリでしばらく車を滑らせる。そして、静かな通りの一軒家につける。

　車が止まるなり、運転手は携帯電話で通話を始める。

「ちょっと、あのねえ！　ひどいんじゃないですか？」

　運転手の顔はまだ確認できていないが、この通りの静けさとは不釣り合いの剣幕の声には、何やら聞き覚えがある。

　我々は、運転手が車の中でもたついている間に、家の偵察を始める。まずは外観から。中に入るのは、それからだ。

　この家には、どんなドラマが待っているのだろう。

これから

〜もう一歩進んで
勉強したい
あなたへ〜

ネズミ親子の冒険、いかがでしたか？　6.5個の物語を通じて、「人間」「社会」「考える」といったことについて、一味違う見方をできるようになったのではないでしょうか。

　それぞれの物語で登場する、違った形の「社会」。その中の人たち（それと、ネズミたちと猫たちも）は、各々考え悩んでいましたね。これらの考え方は、れっきとしたゲーム理論の研究成果に基づいたものでした。各章末の「バック・ステージ」で、その舞台裏の雰囲気を少し感じ取っていただけていたら、幸いです。

　でも、舞台裏には何があるのかなと思っていたら、結構がちゃがちゃしていませんでしたか？　このがちゃがちゃを、雑多なモノの集合体としてぼんやり眺めるのではなく、そこに何かしらの秩序を見出したいとしたら、もしくはこの雑多を別の角度から眺めてみたくなったら、どうすればいいでしょう。
　もう一歩進んで勉強したいあなたのために、何冊か本を紹介しましょう。

　さて、いきなり1冊目から手前味噌で大変恐縮なのですが、私の著書である『**ゲーム理論入門の入門**』（岩波新書）をお薦めします。ゲーム理論が体系的に、できるだけ平易に（数式なしで）説明されています。本書の物語のいくつかは、この本を読むとより理解が深まるかもしれません。逆に、もう『入門の入門』は読みました、という読者の方は、そこで紹介されているどの思考法が本書のどこで登場するのか、もしくはしないのか、考えてみるのも一興でしょう。

　本書では、小さな社会で人と人との関係を考えてきました。では、大きな社会では、どのように人と人との関係を考えるといいのでしょうか。「はじめに」で書きましたように、小さな社会でも大きな社会でも必要とされ

る思考法は同じですが、それでも、実際にゲーム理論がどう役立つかを大きな社会の文脈で考えてみることは、ためになりそうです。

　この点をうまく解説しているのが、松井彰彦著『**高校生からのゲーム理論**』（ちくまプリマー新書）です。環境問題、企業間競争、戦争など、スケールの大きなテーマが様々出てきます。ちなみに著者の松井氏は、私に羊と狼の話を教えてくれた私の元指導教官です（ナップ・タイムのバック・ステージ参照）。この本には、羊と狼の話も、出てきますよ。

　次に紹介するのは、本ではなく、映画です。1957年のアメリカ映画『**十二人の怒れる男**』。これは、12人の陪審員が全会一致での評決にどのように至るか、その議論の過程を描いたサスペンスです。テレビドラマ、映画、舞台、本、と様々な媒体で何度もリメイクされている名作ですので、既にご存知の方も多いかもしれません。しかしそんな方も、第1章でのT氏の町内会の話での学びをもとにこの作品をもう一度ご覧になると、また違った見方ができるのではないかと思います。私自身もまだゲーム理論を知らなかった頃、あれは確か高校生のときに脚本を読んで、その時にも大変楽しめたのですが、今回紹介するにあたって映画を見てみたら、これまた非常に面白かったです。

　もし本書のような一風変わったアプローチで読者を学問の世界に誘うという試みがしっくりこられた場合、野矢茂樹著『**はじめて考えるときのように　「わかる」ための哲学的道案内**』（PHP文庫）をお勧めします。哲学の切り口から、「考える」ということについて読者に語りかけながら紐解いていくという本です。この本にも、素敵なイラストがいっぱい出てきますよ。私は「考えること」の専門家のつもりですが、この本からは、とても多くの学びがありました。

　「はじめに」で少し書きましたように、ゲーム理論は経済学の中の一部分

です。経済学にはもちろん他の部分もあって、特に「社会にあふれるデータを分析する」という重要な側面があります。もし本書を読んで経済学全般に興味を持っていただけたら、そういった側面もちょっと覗いてみませんか。そんなときにおすすめしたいのが、伊藤公一朗著『**データ分析の力 因果関係に迫る思考法**』（光文社新書）です。データ分析の思考法が、著者自身の研究を通して平易に解説されている、稀有な本です。

　さて、最後はまた、ゲーム理論に戻りましょう。第3章のバック・ステージで紹介した、「繰り返しゲーム」。最後に紹介するのは、この理論のフロンティアで活躍するゲーム理論家の1人として名前を挙げた神取道宏氏の書いた、『**ミクロ経済学の力**』（日本評論社）です。世界的なゲーム理論家である彼は、説明の分かりやすさに定評があります。彼の書いたこのミクロ経済学の教科書は、意欲的な読者の方にお薦めです。

　この本のタイトルには「ミクロ経済学」とありますが、ミクロ経済学と呼ばれるもののかなり大きな部分はゲーム理論ですので、ゲーム理論も多く扱われています。結構数学が出てくるので本書と比べるとレベル感に乖離があるとは思いますが、ゆくゆくはこの本をマスターできるように、頑張りましょう。

おわりに

2019年の6月末。東大赤門横の新ビル6階の、私の夏期滞在用オフィスに、ダイヤモンド社から編集の方がやってきました。名前は田畑さん。

　前著の発刊後、ありがたいことにいくつかの出版社の方から出版企画の提案をいただいていたのですが、どれも興味深いと思う反面、どうもしっくりきていませんでした。

　これで、ゲーム理論の醍醐味が本当に伝わるのだろうか。そしてそれを、たくさんの人に伝えることができるのだろうか。そうやってゲーム理論を学んだ読者の人生を少しでも豊かに、時には大きく、変えることができるのだろうか。これは、自分にしか書けない本なのだろうか。そう考えていくと、心にモヤモヤするものがありました。

　そんな中の、最後の打ち合わせが、田畑さんでした。

　単行本の提案は、「物語形式にして、会話とイラストでゲーム理論を分かりやすく伝える」というコンセプト。人物の会話の中から、読者がゲーム理論を体感していく。その模様を、イラストを織り交ぜながら効果的に伝えていく。

　この提案は、私の心のモヤモヤを解き、心を躍らせるのに、十分なものでした。これならゲーム理論をより多くの人に知ってもらえる、新しい形になりうるのではないか。そしてこれは、ゲーム理論のことを真正面から研究している数少ない人間にしか書けない本なのではないか。

　よし、やってやろう！と私の魂は奮い立ちました。もっと多くの人がゲーム理論をもっと身近に感じられる、そんな世の中を想像すると、わくわくしてきました。広い読者を対象にしたゲーム理論の面白い本を書きたい、という私の思いは、この提案の虜（とりこ）になったのです。

　具体的にどんな本が出来上がるのか、さっぱり想像はできないけれど、とにかく、それでもやってみよう！　そんな気になりました。

　さて、8月にアメリカに戻った私は、このコンセプトを具現化するとい

う宿題に頭を悩ませていました。熟考を重ねましたが、なかなか良いアイディアが思いつきません。人間を主人公にすると、どうしても、「人間関係を鳥瞰する」ゲーム理論に当てはまりが悪い気がしたからです。

これは困ったな。

そう思っていた、そんな時に、家族でスタジオジブリの映画『借りぐらしのアリエッティ』のDVDを見ました。人間の家に住む小人のアリエッティとその家族の冒険の話です。

私は、これだ！と思いました。

人間たちを覗き見する、小さい存在がいればいいのだと。

それから、試行錯誤を重ね、「町の家々を巡回するネズミ親子」という設定にたどり着きました。これが、6.5個の物語が生まれた背景です。

「人と人が関わるところ、そこが社会」と、私は「はじめに」で書きました。この本の締めくくりに、本作を執筆するに当たって私が関わった小さな社会の人々に、感謝の意を表したいと思います。

まず、ダイヤモンド社の編集者の、田畑博文さん。6月のあの日企画を持ってきてくれた田畑さんには、その後執筆に際して様々なサポートをいただきました。原稿に何度も目を通していただき、アメリカと日本でのテレビ電話で、幾度となく打ち合わせをしました。ありがとうございました。

ケーキでいうと、私と田畑さんが、レシピ作りと調理の担当です。どうやったらおいしいケーキができるか、2人で頭を悩ませました。そしてこのケーキを、見栄え良く、皆さんに「食べたいな」と思ってもらえるようにデコレーションしてくれたのが、イラストレーターの光用千春さんです。光用さんのかわいらしいイラストのおかげで、物語がぐっと親しみやすく、そして分かりやすくなりました。さらに、光用さんのイラストのアイディアを見て、私が文章を変えたほうがいいと気づかされたところもありまし

た。物語を読んで、どうしたらより読者の方に内容が届きやすくなるか、頭を悩ましてくださった光用さんに、感謝です。

デコレーションも終わり、完成に近づいてきたケーキ。最後の味の引き締めを担当して下さったのが、校正者の神保幸恵さんです。言葉遣いは適切か、文章とイラストに齟齬（そご）はないか、とても細かくチェックしてくださいました。また、ストーリー展開についてもアドバイスをいただき、神保さんのおかげでより面白くなった物語もあります。神保さん、ありがとうございました。

こうして出来上がったケーキをきれいなパッケージに入れ、お店に並べられるようにしてくださったのが、グラフィックデザイナーの鈴木千佳子さんです。鈴木さんがデザイン全体の指揮を取ってでき上がったゲラ（校正用紙）。私の文章と光用さんの絵が、一冊の本として形を為している様を見て、やはりこの「会話とイラストで分かりやすく」というアプローチは間違っていなかったのだと確信しました。そして、素晴らしい表紙デザイン！　この表紙を見て本書を手にとり、ゲーム理論への扉を開く読者の方々の様子が、想像できるようです。鈴木さん、ありがとうございました。

さて、おいしくてかわいいケーキはいいですが、毒が入っていたら大変です。「チーズケーキ」と書いてあるのにその実ショートケーキだったなんてことになっても、良くありません。ゲーム理論の専門的な内容と照らし合わせて間違ったことを書いていないか、誤解を与える書き方をしていないか、本書の草稿を読んで専門的な見地からコメントをくれたのが、ボッコーニ大学の福田慧助教授と、スタンフォード大学の小島武仁教授でした。また、東京大学の神取道宏教授にも疑問点にお答えいただきました。三氏に、感謝します。さらに、（洒落ケーキ屋の名前の）フランス語を教えてくれた丹羽史尋氏にも、御礼申し上げます。

さて、このケーキ作りの「小さな社会」は、実は、もっといろいろな、大小様々な社会と繋がっています。それは何を隠そう、読者の皆様を通してです。

　6.5個の物語で取り上げた、様々な思考法。これらを裏打ちするゲーム理論の考え方。皆さんがこれから身の回りの様々な社会と関わっていく中で、本書で身につけた新しい視点が陰に陽に役立つことを、私は願ってやみません。

　目の前にどんな社会が広がっていようと、きっと大丈夫。あなたには、ゲーム理論の思考法が、身についていますから。

　最後に、いつも支えてくれている家族、特に、おいしいチーズケーキを作ってくれる妻に、ありがとう。

2020年7月

鎌田雄一郎

おわりに

鎌田雄一郎

かまだ・ゆういちろう

1985年神奈川県生まれ。
2007年東京大学農学部卒業、
2012年ハーバード大学経済学博士課程修了（Ph.D.）。
イェール大学ポスドク研究員、カリフォルニア大学バークレー校
ハース経営大学院助教授を経て、テニュア（終身在職権）取得、
現在同校准教授。専門は、ゲーム理論、政治経済学、
マーケットデザイン、マーケティング。
Econometrica、*American Economic Review*、
Theoretical Economics など国際学術誌に論文掲載多数。
著書に『ゲーム理論入門の入門』（岩波新書）。

著者HP
http://ykamada.com

本書のためのHP
（参考文献集など）
http://ykamada.com/theory/

16歳からのはじめてのゲーム理論
——"世の中の意思決定"を解き明かす6.5個の物語

2020年7月29日　　第1刷発行
2020年10月2日　　第3刷発行

著　者————鎌田雄一郎
発行所————ダイヤモンド社
　　　　　　　〒150-8409　東京都渋谷区神宮前6-12-17
　　　　　　　https://www.diamond.co.jp/
　　　　　　　電話／03·5778·7233（編集）　03·5778·7240（販売）

ブックデザイン—鈴木千佳子
装画・本文イラスト—光用千春
DTP・図版————宇田川由美子
校正————————神保幸恵
製作進行————ダイヤモンド・グラフィック社
印刷————————三松堂
製本————————ブックアート
編集担当————田畑博文